身心灵魔力书系——特

沟通力

孟祥广／著

借问酒家何处有

沟通是通往成功的捷径，
是拉近人与人之间距离的介质

中国出版集团　现代出版社

图书在版编目（CIP）数据

沟通力：借问酒家何处有／孟祥广著. —北京：现代出版社，2013.11

ISBN 978 - 7 - 5143 - 1831 - 9

Ⅰ．①沟…　Ⅱ．①孟…　Ⅲ．①心理交往 - 通俗读物

Ⅳ．①C912.1 - 49

中国版本图书馆 CIP 数据核字（2014）第 046400 号

作　　者	孟祥广
责任编辑	肖云峰
出版发行	现代出版社
通讯地址	北京市安定门外安华里 504 号
邮政编码	100011
电　　话	010 - 64267325 64245264（传真）
网　　址	www.1980xd.com
电子邮箱	xiandai@cnpitc.com.cn
印　　刷	北京兴星伟业印刷有限公司
开　　本	700mm×1000mm　1/16
印　　张	13
版　　次	2019 年 4 月第 2 版　2019 年 4 月第 1 次印刷
书　　号	ISBN 978 - 7 - 5143 - 1831 - 9
定　　价	39.80 元

P前　言
REFACE

　　为什么当今时代的青少年拥有幸福的生活却依然感到不幸福、不快乐？怎样才能彻底摆脱日复一日地身心疲惫？怎样才能活得更真实快乐？

　　美国某大学的科研人员进行过一项有趣的心理学实验，名曰"伤痕实验"：每位志愿者都被安排在没有镜子的小房间里，由好莱坞的专业化妆师在其左脸做出一道血肉模糊、触目惊心的伤痕。志愿者被允许用一面小镜子看看化妆的效果后，镜子就被拿走了。

　　关键的是最后一步，化妆师表示需要在伤痕表面再涂一层粉末，以防止它被不小心擦掉。实际上，化妆师用纸巾偷偷抹掉了化妆的痕迹。对此毫不知情的志愿者被派往各医院的候诊室，他们的任务就是观察人们对其面部伤痕的反应。规定的时间到了，返回的志愿者竟无一例外地叙述了相同的感受——人们对他们比以往粗鲁无理、不友好，而且总是盯着他们的脸看！可实际上，他们的脸上与往常并无二致，什么也没有；他们之所以得出那样的结论，看来是错误的自我认知影响了判断。

　　这真是一个发人深省的实验。原来，一个人在内心怎样看待自己，在外界就能感受到怎样的眼光。同时，这个实验也从一个侧面验证了一句西方格言："别人是以你看待自己的方式看待你。"不是吗？一个从容的人，感受到的多是平和的眼光；一个自卑的人，感受到的多是歧视的眼光；一个和善的人，感受到的多是友好的眼光；一个叛逆的人，感受到的多是挑衅的眼光……可以说，有什么样的内心世界，就有什么样的外界眼光。

越是在喧嚣和困惑的环境中无所适从，我们就越会觉得快乐和宁静是何等的难能可贵。其实"心安处即自由乡"，善于调节内心是一种拯救自我的能力。当人们能够对自我有清醒认识，对他人能宽容友善，对生活无限热爱的时候，一个拥有强大的心灵力量的你将会更加自信而乐观地面对现实，面向未来。

本丛书将唤起青少年心底的觉察和智慧，给那些浮躁的心清凉解毒，进而帮助青少年创造身心健康的生活，来解除心理问题这一越来越成为影响青少年健康和正常学习、生活、社交的主要障碍。本丛书从心理问题的普遍性着手，分别描述了性格、情绪、压力、意志、人际交往、异常行为等方面容易出现的一些心理问题，并提出了具体实用的应对策略，以帮助青少年朋友科学调适身心，实现心理自助。

C目　录
ONTENTS

第三章　赞美是沟通的窗户

第四章　拿握好沟通的节奏

第五章　幽默是沟通的润滑剂

第九章　借力来沟通

第十章　与人沟通要真诚

第一章
沟通让事事顺畅

俗话说,万事开头难。

第一印象决定了人与人之间以后的交往,可见初次见面在人际交往中的重要性。所以,只要掌握一定的技巧,一见如故的概率定是百分之百。

人际交往的关键是会说话,说话不仅要体现出真诚,更要表现出说话的艺术。说话既是一门艺术也是一门学问,说得好必然能有效地沟通,说得不好肯定无法打动别人。

说到别人心窝里的话才更容易打动人,才会增加人际交往的魅力。

沟通为人际关系搭桥

人际关系和沟通,密不可分,彼此互相影响。沟通不良,容易引起人际关系失调,反之亦然。

自古以来,祸从口出的警语,一直广泛流传。不难想象中国社会,沟通中的不当言语经常是破坏关系的杀手。沟通良好的人,通常人际关系都相当良好。可见人际关系有赖于良好的沟通,以免失调。要建立良好的人际关系,除了要重视伦理道德之外,培养有效的沟通能力、表现合理的态度也很重要。

不善于沟通的人,最好加强人际关系,来弥补自己的缺失。 人际关系不是很好的人,最好培养沟通的能力,以求改善人际关系。事实上,两者之一获得改善,对两者都有所助益。

由于我们重视伦理,人际关系最好调整为人伦关系。而沟通的时候,仍然需要融合伦理的观念,以免破坏人际关系。

专业人士,当然享有发表意见的权利,大家也会给予较高的重视。但是,专业人士如果不讲求伦理,同样会造成人际关系的失调,影响自己的升迁和前途。同样具有专业技能,同样富于表达的技巧,由于彼此的伦理修养不一样,就会造成不同的人际关系。可见专业人员,同样需要透过合乎伦理要求的沟通,来建立人伦关系。

中国社会特别重视关系,彼此的关系良好,就算偶尔说错话,也没有什么关系。若是关系不够,或者关系不好,那就每一句话,都要鸡蛋里挑骨头,很有关系。从这种角度来看前述的有关系,没关系;没关系,有关系,应该另有一番不同的诠释。

人际关系与沟通,可以简称为人际沟通。在我们日常生活当中,人际沟通是不可或缺的活动。必须勤加练习,多加磨炼,养成小心应用、用心体会、虚心检讨的良好习惯。一方面使自己的沟通能力不断增进,一方面促使自己的人际关系获得改善。我们的目的,不在讨好任何人。因为讨好所有的人,结果讨好不了任何人。若是讨好少数的人,势必得罪更多的人,对自己十分不利。何况中国人警觉性很高,也就是怀疑心很重,很难达成讨好的目的。不如用心保持和谐、互动、互助的良好状态,透过好好沟通来互相感应。若能心意相通,大家都愉快,那就是良好的人际关系。在愉快中把正当的事情办理妥当,则是我们共同努力的目标。

一个人自言自语,很容易被误认为疯子。两个人对谈,若是闹得很不愉快,那就是吵架。人际沟通,常常是一群人聚集在一起,这时候更需要高度的沟通技巧,否则大家很不容易俱皆满意。

常见好几位母亲,看起来聚集在一起,大家都在夸赞自己的孩子,多么聪明活泼,十分可爱,却没有人在听。这种情况,只能算是集体独白,并没有沟通的功能。

人际沟通的基本条件,是心中要有这些聚集在一起的人的存在,并且以尊重的心情,来和每一个人做良性的互动。既不能够偏重某些人,使其他的人感觉受到冷落,也不应该只顾自己,想说什么就说什么,爱说什么便说什么,因为这样的沟通,只能算是自己在表达意见,完全没有顾虑到人际关系的因素。善于沟通的人,必须随时顾及可能产生的人际关系,以免无意中破坏自己的人际关系,造成恶劣的沟通效果。

人际关系与沟通,彼此影响。两者可以互补,也能够相克。人际关系良好,沟通比较顺畅。沟通良好,也能够促进人际关系的和谐。反过来说,人际关系不良,增加沟通的困难。沟通不良,促使人际关系变坏。

聊天也有大学问

许多人在正式谈论一件事情的时候，都喜欢以轻松的话题作为开场白，然后再逐步导入正题。

律师、作家、新闻记者及演员都是这方面的专家。他们都懂得如何以轻松的方式开场，然后再迅速把握住谈话的主题，达到充分沟通的目的。

善于聊天的人之所以能把谈话的气氛营造得很热烈，并不是靠自己比别人懂得更多，或声调比别人高，或最会讲笑话，或懂得"控制"谈话的方向。聊天聊得好，并不是什么秘密，甚至一点也不困难。

首先，你的谈话态度一定要放轻松，然后再设法找出对方喜欢的话题，尽量让对方多发表看法。至于你，不妨装出有兴趣的样子，仔细地倾听。

当你在寻找话题的时候，最好不要涉及政治与宗教信仰这两个主题，因为这类话题最容易引起激烈的争辩。我们在聊天这件事上最容易犯的错误，就是一见面就从对方所从事的工作谈起。

我们总以为，和医生谈开刀、和运动员谈打球、和商人谈生意经、和国会议员谈政治，乃是"天经地义"的事。

殊不知，他们一年到头做同样的事情，已经够烦的了，如果你再不识相地和他谈这些事情，表面上他不会发作，但内心很可能把你当成是"无聊分子"。

美国前任总统肯尼迪最讨厌和别人谈政治，可是偏偏许多人都找他谈政治，还自以为此举可以讨好他呢！那么，我们到底应该谈哪些事情呢？最好的办法，就是经常阅读报纸和一般性的杂志，以增加各方面的常识。

不然，除了"你好吗?""今天天气不错啊!"之外，接下来你就不知道要聊些什么了。

新闻人物也是一个很好的话题，诸如泰森、小布什和阿拉法特等。其他如哪里新开了一家餐厅、什么地方最适宜度假、恐怖事件等，都是很好的聊天话题。

"沉默是金"在社交场合根本行不通，而且是非常不礼貌的。反之，善于打破沉默、谈笑风生、能带动会场气氛的人，走到哪里都会受到大家的欢迎。这种人不会让会场沉默太久，也不会让"无聊分子"一直强迫别人听他的谈话。这种人懂得适时转变话题，让大家都有台阶下。社交活动的目的，就是要让话题一直继续下去，使得宾主尽欢。

以下几点建议，可以帮助我们增进聊天的技巧：

1. 在和朋友的聚会当中，不要站在一个地方不动，这样会给"无聊分子"可乘之机，抓住你不放，大谈他的得意事情。你最好到人群聚集的地方，听听他们在谈些什么，这样你也有机会发表你的意见。等到有趣的话题谈得差不多的时候，再找个借口离开，另寻聊天的对象。这种游击式的方法，很容易找到真正可以聊天的对象，也可以认识许多朋友。

2. 如果是家庭式的宴会，势必要坐等聊天。这时，你有"义务"和左右及对面的人聊天，不要冷落任何一个人。还有，在主菜上来之前，不要把聊天的话题一下子用光了，免得上了菜之后大家都在干瞪眼。一位女士非常懂得聊天的技巧。她和初次见面的女士聊天，用的都是同样的一套："你戴的这串项链(或手镯、戒指)真漂亮，是别人送的，还是……"无一例外，被她问到的女士都乐意诉说得到这串项链的故事。

3. 千万不要讲"不好笑"的笑话。讲笑话一定要看场合及对象，如果你没有把握，干脆等着听别人讲笑话算了。

4. 聊天的话题是否有趣，所谈的一定要是每个人都知道的人和事物。如果你谈的是一个谁都不认识的人，必然不能引起大家的兴趣。

5. 千万不要说："你们看，站在角落的那个女士穿得有多丑，而且她的脸还做过整容手术。"说不定听众当中，就有这位女士的丈夫。

6. 如果你发觉听众已经不耐烦了，最好赶快闭嘴，听听别人的高论，一定不要硬撑下去。

7.每一位男士都喜欢听到别人说他很风趣,每一位女士都喜欢别人称赞她很漂亮。

8.有些杂志是很好的话题。一般来说,谈自己的孩子,还不如谈谈你养的小狗。

聊天和闲谈是增进人与人之间关系的大好时机。由于聊天的气氛比较轻松,场合也不会特别正式。所以人们便会敞开心扉,畅所欲言。当然,如果你想成为一个聊天高手,也必须掌握一定的技巧。

学会正确称呼别人

好的称呼是沟通的代言人,它会像一池清水映着你;不好的称呼会让人感觉眼前一黑,一切都变得暗淡起来。

人际交往中,称呼是一个重要的细节,恰当地称呼别人,才能构建和谐的人际关系。而有的人没有考虑到这一点,便容易引起别人的反感,莫名其妙就把人得罪了。

既然称呼如此重要,在日常生活中我们一定要注意,避免信口开河。

在一家大型商场里,一位女顾客正在选购上衣。导购员不厌其烦、笑容满面地让她试穿了好几件后,她终于挑中了一件,决定购买。导购员将开好的付款单递给她,笑吟吟地说了句:"阿姨,你的裙子真好看,在哪里买的?"结果女顾客眼睛一斜,说:"你叫谁阿姨?"说完转身就离开了。这个导购员的服务态度和工作水平都很高,但是,就因为一个小小的称呼,一单生意就这样毁了。

对现代人来说,年龄是一个很敏感的话题,尤其是女性,最忌讳别人说自己老。那位女顾客的实际年龄或许真称得上是导购员的阿姨,但是,直接喊出来还是会让她觉得刺耳,索性连挑好的衣服也不要了。所以,对不认识的长者,一定要注意称谓。尽可能地为对方考虑,让对方耳根舒服,这样,交流才会很顺畅。

在工作场合,称呼就更显得重要。对同事而言,最好不要直呼其名,也不要过分亲昵,更不要擅自做主替人家起绰号。称呼上级和领导要区分不同的场合。私下里,可以对女性上级称呼"姐",男性上级称呼"哥",甚至称呼"老大"，这样会显得亲切，便于双方坦率地沟通，还能增进感情，一般性情友善的领导都会喜欢这种称呼。但是，在正式场合中，一定要用正式称呼，否则就会给你带来不利影响。

张力大学刚毕业，在一家公司市场部任职。他的部门负责人是徐总监，他平时有事去请示的时候都称呼总监为"老大"。一天，老板来部门视察，并召开了一个小型的会议。当轮到张力发言的时候，张力习惯性地又称呼总监为"老大"，这让老板和总监当时的脸色很难看。当老板视察完后，总监便不再给张力好脸色看。自此以后，虽然张力表现不错，但是一直没有得到公司的重用。原来，公司老板一直怀疑徐总监的能力太强会对自己有威胁，而张力在正式场合对总监的称呼让老板和总监都不满意，所以，张力受到冷落也是必然的了。

这个故事就告诉我们注意说话的场合，避免称呼带来的负面影响，让自己成功地赢得沟通的先机。

随着社会的发展，称呼也会发生日新月异的变化，巧妙地进行称呼，不仅会拉近人与人之间的距离，还能让自己在沟通中游刃有余。我们要根据对方的年龄、职业、地位等一系列因素选择恰当的称呼。

你会做自我介绍吗

根据社交礼仪的具体规范,进行自我介绍时,应注意自我介绍的时机、自我介绍的内容、自我介绍的要求等方面的问题,才能使自我介绍恰到好处、不失分寸。

在日常交往中,自我介绍是必不可少的。我们不能简单地认为自我介绍就是自报姓名。在某种意义上,自我介绍是一种学问和艺术,有许多必要的技巧和尺度需要掌握。

这时,如果你能及时、简明地进行自我介绍,不仅满足了对方的渴望,而且对方也会以礼相待,自我介绍。这样,双方以诚相见,就为进一步交往奠定了良好的基础。同时,自我介绍是人际交往中与他人进行沟通、增进了解、建立联系的一种最基本、最常规的方式,是人与人进行相互沟通的出发点。

在社交活动中,想要结识某人,而又无人引见,可以向对方作自我介绍。自我介绍的内容,可以根据自己的实际需要、所处场合而定,要有针对性。

那么自我介绍的方式又该如何确定呢? 以下几点仅供参考:

清楚地介绍自己的名字

在聚会场所中,一个人的名字往往代表着他的独特性,所以当介绍自己的名字时,应该正确告诉对方自己名字的读音和写法。

独辟蹊径

自我介绍独辟蹊径,是指从独特的角度,选择使对方感到有意义,又觉得顺其自然的内容,采用生动活泼的语言把自己"推销"给别人。而绝不是指那种借助别人威望给自己贴金的介绍,也不是指那种靠"吹"来取悦对方的介绍。

一些人介绍自己时常说:"某某,是我的老朋友……""你知道著名的某某吗? 我们曾住在一栋宿舍里………'我对某某问题很有研究。昨天我收到了某某杂志的约稿函……"等等,这样的自我介绍也许能给人深刻的印象,但不会很好。

详略得当

在一些特定情况下,自我介绍的内容需要较全面、详尽,不仅要讲清姓名、身份、目的、要求,还要介绍自己的经历、学历、资历、性格、专长、经验、能力和兴趣等。

为了取得对方的信任,有时还得讲一些具体事例。比如,求职应聘时,就要做到这一点。

另外,为了适应某种情境的需要,自我介绍有时不需要面面俱到,将姓名、爱好、年龄、性格等一股脑儿地和盘托出。话不在多,表意就行。在自我介绍中运用"以点代面""抓住一点,不计其余"的方法,反而能收到意外效果。

但是,在自我介绍时,需要注意以下几点:

要自信

在日常交往中,有些人怕见陌生人,见到陌生人,似乎思维也凝固了,手脚也僵硬了。本来说话很爽快的,也变得说话结巴;本来笨嘴拙舌的,这时嘴巴更像贴了封条。这种状况怎能介绍好自己呢? 要克服这种胆怯心理,关键是要自信。有了自信,才能介绍好自己,给别人留下好的印象。

要真诚自然

自我介绍是一种接近对方的语言艺术,这种艺术绝不是花言巧语,而是以真诚、热心、礼貌、得体作为基础的。所以,当你希望掌握这种初次见面就能迅速和对方建立良好关系的语言艺术时,务必保持诚恳的态度。

对象分明

自我介绍的根本目的是要给对方留下一个印象,因此要站在对方理解的角度来说话。

比如第一次参加某方面的研讨会，你站起来说："我叫××，我来发个言。"此时在场的人一定会这么想：这是什么人？怎么从来没见过？他代表哪方面？他的意见值得听吗？所以，面对有这么多想法的听众，你只介绍"我叫××"是不行的，别人不会专心听你的发言。如果你理解了听众的心理，就可这样介绍："我叫××，来自××公司，我第一次参加这样的研讨会，望大家多多指教。现在我就这个问题谈谈自己的看法……"

这样的介绍，才不会在听众心中结下疑团，才能使听众专心听你的发言。

所以，在介绍自己时，一定要重视与你打交道的人，要随机应变。如你面对的是年长、严肃的人，你最好认真规矩些；如与你打交道的人随和而具有幽默感，你不妨也比较放松地展示自己的特点，做出有特色的自我介绍来。

总之一句话，要在自我介绍中表现出你的口才，让它成为吸引人的广告。

魔力悄悄话

自我介绍是一个人的门面。因为通过自我介绍可以给他人留下深刻印象。印象是一个人的某些特征在他人头脑中留下的迹象。从交际心理上看，人们初次见面，彼此都有一种了解对方，并渴望得到对方尊重的心理。

一见如故的沟通

营造"一见如故"的气氛，能给对方留下亲切和深刻的印象，接下来的沟通也会变得顺畅……

找陌生人办事时，可以通过言谈动作，营造"一见如故"的气氛，从而方便进一步的沟通。

大赵是某中学的财务主任。春天来了，学校要举办大型运动会，大赵负责订购服装。他核算了学校的账目后，发现学校的经费不太多，于是就想尽力节省一些。

他通过朋友了解到一家服装公司可以定制，价钱合理，还可以赊账，大赵便想去试试。

大赵按照朋友的指引找到了服装公司的王厂长。大赵说明来意后，王厂长表示定制服装没问题，但赊账不行，因为公司规定只有长期合作的老客户才可以赊账。

大赵不甘心就这样回去，就采取迂回战术，先谈点别的。他听王厂长的口音有点特别，就问道："听您口音不是东北人吧？"

"噢，我是山东枣庄人，30多岁的时候来东北做服装生意，一晃已经有10多年啦！"王厂长感叹道。

"啊，枣庄是个好地方啊！我在读小学时就在《铁道游击队》连环画上知道了。三年前去了一趟枣庄，还颇有兴致地玩了一遭呢。"

听了这话，王厂长马上来了兴趣，二人就枣庄和铁道游击队谈开了，大赵刚来时的拘谨全部消散了，跟王厂长说得不亦乐乎。王厂长觉得大赵和自己非常投缘，就邀请他共进晚餐。饭桌上，两人边吃边聊，大有酒逢知己千杯少之感。

酒酣耳热之际，大赵又向王厂长说起赊账一事，王厂长爽快地说："咱俩虽然初次见面，但就跟老朋友一样。我就给你这个面子，我不仅给你赊账，还给你打折，你们学校什么时候资金宽裕了再把货款送来！"

从此，大赵和王厂长成了好朋友，每年学校订购服装，王厂长都给大赵优惠；大赵也动员学生们帮着宣传王厂长公司的服装。有个学生的父亲是开布料生产厂的，就通过大赵的介绍跟王厂长成了生意伙伴。

大赵和王厂长虽然是初次见面，但大赵却找到了一个好话题，跟王厂长谈起了他的家乡，从而使两人一见如故，成功地得到了王厂长的帮助。

在向别人求助之前，可以做一番调查研究，从而有的放矢，迅速缩短双方的心理距离。

1988年，著名作家叶永烈在写《陈伯达传》的时候，迫切需要大量的一手资料。由于某些特殊原因，如果直接去求助陈伯达很容易碰钉子，但叶永烈顾不了这么多，便大胆地去采访陈伯达。

一进门，叶永烈便说道："我还记得1958年那年，您到北京大学作报告，我当年就坐在学生席中。那时您还带来一个'翻译'，把您说的闽南话翻译成普通话。我平生还是头一次见到中国人向中国人作报告，还要带个'翻译'！"

多么有趣的往事啊，陈伯达一听，也不禁哈哈大笑起来，感到眼前这位不速之客很亲近，气氛一下子变得轻松起来。叶永烈抛开采访的目的，顺着话题跟陈伯达聊起来。

聊着聊着，陈伯达发现叶永烈非常了解自己，并且对历史和现实都能给予公正的评价，便逐渐消除了戒心，不由自主地讲起了陈年往事。叶永烈专注地听着、记录着，最后把这些都整理了下来，为45万字的《陈伯达传》增添了重要的第一手资料。

叶永烈通过回忆陈伯达的陈年旧事，拉近了彼此的关系，消除了陈伯达的戒心,最后顺利地得到了陈伯达的帮助。

　　日常生活中,求人办事在所难免。如能与对方一见如故,办事就会顺利得多。

　　求人办事时,可以先说些套近乎的话语,让对方产生一见如故的感觉。然后,再向对方提出请求,必要时还可以巧妙地为对方设置一些"挑战"。对方为了维护自己的权威,便会竭力帮助你,以证明自己的实力。

改正沟通时的小毛病

作为一个成功的说话者,要力争做到,说话时给人留下美好的印象,展现我们说话的魅力。

一些口才教育专家经过调研,总结出以下几点说话中常犯的毛病及改正方法:

说话有鼻音,或者有杂音

用鼻腔说话是一种常见且影响极坏的毛病。当使用鼻腔说话时,就会发出鼻音。如果你用大拇指和食指捏住鼻子,所发出的声音就是一种鼻音。如果你说话时嘴巴张得不够大,声音也会从鼻腔里出来。在电影里,鼻音是一种表演技巧,如果演员扮演的是一种喜欢抱怨、脾气不好的角色,他们往往爱用鼻腔说话。如果你期望自己在他人面前具有极大的说服力,或者令人心旷神怡,那么最好不要使用鼻音,而应使用胸腔发音。正确的方法是,平时说话时,上下齿之间最好保持半寸的距离。还有一些人谈话本来很好,只是在他的言语之间掺杂了许多无意义的杂音。他们的鼻子总是一哼一哼地响着,或者是喉咙里好像被什么东西堵住似的,轻轻地咳着,要不就是在每句话开头用一个拖长的"唉",像怕人听不清楚他的话似的。这些毛病,只要自己有决心,是可以克服的。

声音过尖

一个人受到惊吓或大发脾气时,往往会提高嗓门,发出刺耳的尖叫。一般犯此错误的女性居多,要多加注意。因为尖锐的声音比沉重的鼻音更加难听。你可以用镜子检查自己有无这一缺点:脖子是否感到紧张?血管和肌肉是否像绳索一样凸出?下腭附近的肌肉是否看起来明显紧张?如果出现上述情形,你可能会发出刺耳的尖声。这时你就要当机立断,尽快让自己松弛下来,同时压低自己的嗓门。

说话快慢不定

一般来讲,说话的速度很难掌握,即使是一些职业演说家,有时也不容易把握好自己说话的速度。说话太快,别人就听不懂你在说些什么,而且听得喘不过气来。说话太慢,人们根本就不会听你说,因为他们缺乏一种耐心。据专家研究,当我们朗读时,其速度要比说话快,但说话不能像朗读,而且说话的速度不宜固定,你的思想、情绪和说话的内容会影响你表达的快慢。说话中把握适度的停顿和速度变化,会给你的说话增添良好的效果。

为了测量自己说话的速度,你可以按照正常说话的速度念上一段演讲词,然后用秒表测出自己朗读的时间。如果你说话的速度每分钟达不到上面那个标准,就可以试着调整说话速度,看是否会收到良好的效果。

滥用流行语

某些流行的字句,也往往会被人们不加选择地乱用一番。例如,"原子"这个词,什么东西都牵强加上"原子",如:"原子牙刷""原子字典","原子"这"原子"那,使人莫名其妙。

过分夸张

夸张的手法有一种引人注意的效果。不过,我们不能把夸张的手法用得太过分,否则,别人就不会相信你的话。

人们在现实生活中,不可能每次都说的是"非常重要"的消息,也不可能每次都讲"最动人的"故事或"最好笑的"笑话。因此,不要到处用"非常""最""极"等字眼,否则,当你在无数的"最"中有一个真正的"最"时,又怎样表示呢? 难道你能说"这件事对我是最最重要的"吗? 如果你真这样说,别人听了也会无动于衷,因为他们认为你是一向喜欢夸大事实的人。

习惯用多余的套语

有些人喜欢在交谈中使用太多的或不必要的套语。例如,一些人喜欢什么地方都加上一句"自然啦"或"当然啦"一类词句;另一部分人喜欢加太多的"坦白地说""老实说"一类的套语;也有人喜欢老问别人"你明白了吗"或"你听清楚了吗";还有的人喜欢老说"你说是不是"或"你觉得怎么样",等等。像这一类毛病,你自己可能一点都不觉得,最好的办法是请你的朋友时刻提醒你。

太琐碎

许多人在谈话过程中啰唆不断。例如,讲述自己的经历本来是最容易讲得生动、精彩的,很多人也喜欢听。但是,许多人一味地不分主次地平铺直叙,觉得自己所经历的样样都有味道,都有讲一讲的必要,结果反而使听者茫然无头绪、杂乱无章、索然无味。

手脚动作过多

手脚动作过多,即说话时动作过于频繁。可以检查一下自己,是否在说话时不断出现以下动作:坐立不安、蹙眉、扬眉、歪嘴、拉耳朵、摸下巴、搔头皮、转动铅笔、拉领带、弄指头、摇腿等。这都是一些影响你说话效果的不良因素。如果在说话时,动作过于频繁,听者就会被你的这些动作所吸引,而讲话内容就会被人忽视。

如果一个人的脸上长有疤痕,可以使用化妆品或药品加以治疗弥补。同样,谈吐方面的缺陷也要改变,虽然这些毛病不具有决定意义,但如果不加以注意,就会演变成习惯,从而大大影响谈话效果,同时影响到自己在他人心目中的形象。

温水煮蛙的沟通方式

细声慢语犹如春雨,丝丝渗入别人的心田;态度和蔼仿若旭日东升,慢慢照亮对方的身心!

19世纪末美国康奈尔大学的科学家做了一个试验,把青蛙扔至热水里,青蛙马上就能跳出来。但如果水一开始是凉的,慢慢对水进行加热,青蛙就会在里面优哉游哉,即使温水它也不在乎,等到感到水热得难以忍受时,青蛙再想跳出来已经来不及了。

试验结果表明,缓慢的改变因不易被察觉而更容易被人们接受。因此,交际中要想改变别人,也要巧妙利用"温水煮青蛙"效应,一步步地渗入别人的思想,这样通常容易让对方接受。

纽约格里利奇储蓄银行里有个叫詹姆士·艾巴森的出纳员。

一天,他接待了一个客户,根据银行规定,所有客户在办理业务之前都要填一份表格。客户认真地填好了表格,但是拒绝提供两个以上直系亲属的信息。

如果银行的新职员遇到这种情况可能会直截了当地告诉客户亲属信息必须提供,因为银行有理由拒绝不配合的客户。但詹姆士·艾巴森没有那样做,他知道自己那样做虽然遵守了银行的规章制度,但也会因此而失去一个客户。

詹姆士·艾巴森看了客户的表格,对他说:"先生,打扰一下,我有个问题想请教您,不知是否方便。"

客户看了看他,然后点了点头。

詹姆士·艾巴森说:"请恕我冒昧,万一您存在我们银行的钱出了问题,而我们一时联系不上您,或者您不方便亲自前来,您愿不愿意让您的亲人帮我们联系您或者代替您本人来处理突发状况?"

客户考虑了一下,说道:"我愿意。"

詹姆士·艾巴森接着说:"还有,万一您突然发生意外,我是说万一,您愿不愿意让您的亲人们来取出您的这一大笔存款?"客户又点了点头。

詹姆士·艾巴森微笑着说:"那么您需要提供详细的亲属信息,把这张表格填完整。"

客户听了点头答应,按照银行要求填好了自己的亲属关系。

生活中我们难免会遇到很棘手的事情——进一步就会让别人难堪,退一步也会让自己为难。这时候,想要说服别人听从自己的意见,首先要解除他的戒备心理。

聪明的人会慢慢地深入别人的心里,让别人接受自己,进而改变主意。如果急于求成,反而会弄巧成拙。

一战的时候,美国战略物资紧缺,负责为政府供应精细货物的美国国家银器公司任务很重,但公司的人员不断流失。总经理巴林非常着急,他找到人事总管询问情况:"最近公司怎么人员流动那么大?"总管解释说:"其实也不能怪他们,人往高处走,他们只是想要找一份薪水更高的工作。"

巴林对总管的解释并不满意,他同时了解到,工厂还有数百名工人等着领完这个月的工资就离开。为了挽救工厂的生产,巴林决定找工人们谈一谈,了解他们的真实想法。

这天下班后,巴林把管理工人的主管们都打发走了,跟工人们进行了一次坦诚的交流。他这才明白,工人陆续离开的原因并不全是因为工资低,还因为公司有很多地方管理不当。工人们每天的劳动时间都是超负荷的,而且有时要连续几天晚上加夜班,伙食也不是很好,所以工人们希望找个更好的工作。

了解了这些情况之后,巴林向工人们承诺,会尽快改善他们的工作环境,改善他们的伙食及待遇。巴林还借势讲到了国家的为难之处,也分析了当前战争形势下就业艰难的情况,令很多工人打消了辞职的念头。

"有时候能直接说你离不开谁,但也有另一种表达,你要让他们明白你的努力的同时也了解他们的处境,这样他们才会慢慢地接受我的建议。"

让别人接受自己的意见或者建议很不容易,我们既不能急于求成也不能无所作为,最佳的方式就是从对方容易接受的一点开始,慢慢说服对方。"温水煮青蛙"是一个渐进的过程,也是一个从量变到质变的过程,交际场合运用好这个原理必能如鱼得水、增加自己的制胜砝码。

第二章
沟通中的为人处世

日常沟通中,把握好说话的分寸,尤为重要。注意双方的身份、说话的时机和场合,讲究一些必要的原则和规矩,能够给自己增添魅力、赢得更多走向成功的机会。

沟通离不开语言。到位的话、动人的话能很快达到沟通的目的。

在沟通中语言的使用是一门艺术,你面对的是一个不甚了解的人,好的语言就同好的色彩一样,容易印入别人的脑海,让别人感受你的气质和为人,有效发挥沟通的作用。

不做是非的传播者

人们爱扯闲话,从闲话当中得到别人对自己的欣赏就大为高兴。但如果听到贬斥就会对说话之人怀恨在心。说闲话可以,但你要记住的是,闲谈莫论别人是与非。

具体来说,闲言有如下两大特点。

一是休闲性。即休息时或无事可做时与人闲聊,以此增加生活情趣,缓解心理压力。有人也把闲聊叫做"侃大山""扯淡""乱嚼舌头""摆龙门阵",如果某人因闲聊惹出了是非和麻烦,老百姓就会说"那是吃饱撑的",意思是因胡吹乱侃而得罪了人或惹出了事端。这种人真是"吃的是自己家的饭,聊的是别人家的天"。

二是随意性。即闲扯的话题一般没有明确的目的,不带有处心积虑的褒贬指向,通常是想到哪儿说到哪儿,嘴巴没遮拦,信口开河,随兴所至。开始聊的是张家长,接下来的可能便是李家短了。在日常生活中,人们对"闲言"是很忌讳的,"闲言"二字常常跟"碎语"结合在一起,这就充分说明了闲言所具有的随意性和令人讨嫌的特点。所以,世人对此也多有告诫,有道是"宁可扯玄的,不可扯闲的"。玄话是不着边际或让人听不懂的话。听话的人不懂,也最多是不懂而已,总不会牵扯到其他的人或事。但闲话就不同了,涉及某人的长短和某事的是非,或迟或早传扬开去,可能就会产生对某人或某事不利的后果。

那么,我们在生活中应该怎样对待有关自己的闲言碎语呢?

事前规避法

与其四处去封别人的嘴,倒不如先封住自己的嘴。别人之所以会拿你当做说闲话的材料,也许是因为你在为人处世或举止言谈上确有不检点之处。想一想,你在别人面前可曾评论过别人的是非,可曾说过别人的闲话?你在社会上可曾有过有损于他人尊严或有损于自己品格的行为?如果你说过和做过,就说明你在说话和处事上有失当之处,如果你寄希望于让别人原谅你的过失,你就太天真了。

要知道,社会上的人并不都是你的朋友,也并不都是你的亲戚,你凭什么指望别人不说你的闲话呢?人说隔墙尚且有耳,有风定然起浪,更何况,社会上还有些人善于捕风捉影,喜欢吹毛求疵,鸡蛋里也要挑骨头,你若不把握分寸,不检点自己的言行,怎么会封住别人的嘴而不说你闲话呢?所以,重要的是要把握好自己。

事后疏导法

当社会上已经出现了关于你的闲话,你该怎么办呢?这要从两个方面分别来看。

一是闲话所言确有其事。

这种情况完全是由于你自己言行不检点而造成的。不管别人带着恶意或者善意,你都应该平心静气地面对。如果问题大,很严重,关系到你做人的品德,一旦承认便不可能得到人们的谅解,在这种情况下,你不妨编造出一种导致你言行失当或犯错误的特殊理由,在闲话所及之处做冤枉状、叹悔状、自责状,仿佛自己也是一个受害者似的,以争取他人的理解和同情。当然,如果有些闲话仅仅是别人猜中的,并没有明确的根据,你也可以干脆不承认。

倘若问题属实,但并不严重,也不妨承认错误,在别人面前自我批评或自我嘲笑,不但可以得到别人的谅解,还可以给人留下你这人特别坦诚的印象。当然,疏导闲话还有一个小小的技巧,就是你所做的解释要尽可能找一个对你没有偏见而且特别喜欢到处传话的人去说。因为好传话的人会很快把你解释的话传扬开去。一个人知道了,整个单位的人也就全知道了。

二是闲话所言未有其事。

这是别人对你的妄言妄语。这类闲话是怎么产生的呢?第一,源于对你的误解。你的所言所行引起了别人的误解,别人在对你察言观行时理解偏差有误,于是以讹传讹,有悖于你本意的闲话便产生了。第二,中途变味。即开始说的闲话都是你的本意,而传至中途,面目全非,话变味了。这两种情况都是未有其事的闲话,对这类闲话要明确否定其中的误解点和变味处,向别人分析误解和变味的原因,以争得别人的认同,从而避免此类闲言继续传播。

人们平时所说的"闲言",指的是社会上有关于自己的闲话。这种闲话别看与正事无关,无伤大雅,但话头话尾之间,却对你的为人处世和言行举止颇有微词。这就对你很不利。所以,社会上出现的某些关于你的闲言切不可置若罔闻,等闲视之。

可说与不可说间的尺度

中国人普遍十分重视诚信,对于不诚无信的人,非常厌恶。但是,沟通的时候,却常常要求对方:"我告诉你,你千万不要告诉别人。"稍为放宽一些,"如果你一定要告诉别人,那就不要说是我说的",真的弄得很严重,"你不但告诉别人,而且说是我说的,我一定说:我没有说",用否认来否定你的说词。中国人说这些话,表现这些行为时,根本没有欺骗的感觉。可见它和诚信并没有关系,也就是不属于不诚无信的范围。听起来怪怪的,却具有相当的道理。

先来看"我告诉你,你不要告诉别人",含有多种意思。

归纳起来,至少有三种主要的用意:

首先,表示你我关系不同,所以我才告诉你,并且叮咛你不要告诉别人。其他的人和我的关系,不如你这样密切,所以我没有告诉他们。既然我采取这样的态度,希望你也要和我同一立场,自己知道就好,用不着告诉其他的人。彼此配合,下一次有什么事情,我才敢放心地告诉你。

其次,我希望你不要告诉别人,当然含有必要时可以告诉别人的意思。不过你要告诉什么人,必须审慎选择,不要选错对象,误了事情,又引起纠纷才好。

第三,要不要告诉别人,其实是你的权利,由你自行决定。我告诉你不要告诉别人,主要用意在提醒你,不可以随便告诉别人。至于要不要告诉别人,告诉哪些人,由你自己决定,反正我说我的,你也不一定会听。

这样,我们才能够了解,为什么中国人听话的态度,通常是"你说归你说,我听归我听,我不一定信你的道"。我们相信"道不同,不相为谋"的道理,却又不能禁止人家说出和我们不同道的话,因此采取各自负责的态度,你说你的，我听我的。同道的部分，当然可以听；不同道的部分，也不必制止你说，反正我不听就是了！

既然如此，我的说话态度，也逐渐调整为"我说归我说，你要不要相信，或者相信到什么程度，那是你自己的事，必须由你自己判断，同时也自行负责"。

于是，有人说："我听说，真的假的我不知道。"并不表示说话的人不负责任，或者不肯负责，而是表明"听的人应该自行判断，不要把责任推到我身上"的立场。

有人说："我听不清楚，好像是这样，又好像不是，我也没有把握。"到底说话的人听清楚了没有，其实并不重要，因为就算他听得十分清楚，我们也必须自行判断，看看能不能相信？或者相信到什么程度？

也有人说："当时是这样说的，后来有没有什么变动，我并不知道。"意思同样是"不要把责任推到我的身上"。并不是我不负责任，而是听话的人应该自己负起责任，用心判断内容的正确性与变动性。

听话的人，最好多问一些问题，从双方的互动当中，掌握讯息的正确性，而不是一味将责任推给说话的人。"都是你说的"，并不能解决问题。

魔力悄悄话

"我告诉你这些话，你不要告诉别人"的真正意思，其实就是"我说归我说，你必须自己用心判断，才能够相信。不可以因为是我说的，你就推卸责任，不用心自行判断"。这种各人负起责任的用意，值得鼓励才对。

切忌口不择言

"害人的舌头比魔鬼还厉害……上帝仁慈为怀,特地在舌头外面筑起一排牙齿,两片嘴唇,好让人们在开口讲话之前多加考虑。"在说话之前,一定要考虑一下,哪些话该说,哪些话不该说。如果口不择言,很有可能伤害到别人。

有一个人请客,菜做好了,客人们也陆续开始来了。当菜都摆好之后,还有一个重要客人没来。大家都饿了,肚子开始咕咕地叫起来,主人等得焦急,在地上踱来踱去,自言自语道:"唉,该来的还不来。"旁边的客人听到后,心中寻思着:"这么说,我们就是不该来的来了?"他感觉很不舒服,于是便告辞走了。主人怎么劝也劝不住,一着急就说道:"不该走的又走了。"另一位客人听了也不高兴了:"难道我就是那该走又赖着不走的?"他一生气,站起身也要走。主人拉住他的衣袖,百般劝阻,但还是没拦住。主人苦笑着对剩下的客人说:"唉,他俩误会我了,其实我不是说他们……"剩下的客人你看看我,我看看你,心想:"说的不是他们,那就是我们了。"于是,剩下的客人也纷纷起身告辞……主人眼睁睁地看着客人都走光了,无奈地拍着自己的大腿,懊悔不已!

这个主人本意是希望那个没来的客人早点来,但是他却因为着急而口不择言,伤害了其他客人。由此看来,如果我们说话时不考虑周全,就可能在无意之中得罪别人。

有一个人从开封到苏州去做生意,在路上迷失了方向。他站在一个三岔路口上犹豫不定,不知该走哪条路。他看见附近水塘旁边有一位放牛的老人,就急忙跑过去问路:"喂,老头!从这里到苏州该走哪条路呀?"老人见这人说话这么没礼貌,心里很不舒服,就说:"走中间的哪条路,到苏州还有六七千丈的路程。"那人听了奇怪地问:"哎,你们这个地方计算路程怎么论丈而不论里呀?"老人说:"这地方一向都是讲礼(里)的,自从这里来了不讲礼(里)的人以后,就不再讲礼(里)了!"

问路之人不懂得说话的分寸,伤害了别人,因此老人不客气地回敬了他。

高山得知老同学王帅的亲戚在税务局工作,便找王帅,希望能通过王帅让他的亲戚帮自己办一件事。王帅见老同学相求,虽然觉得有些难办,但还是答应了。可是,当王帅问过他的亲戚后,人家说没有办法,王帅便向高山说明了情况。但高山却不高兴了:"你还能干什么?这么一件小事你都不帮忙。"说罢便转身走了,弄得王帅心里很不是滋味。本来他还想起一个朋友,说不定能办成这件事,但看高山这样对自己,他也不想再帮他了。

高山在求人办事时不讲分寸,意气用事,到最后吃亏的只能是自己。由此可见,说话讲究分寸多么重要。

魔力悄悄话

我们要牢记以下原则:维护别人的自尊心就是维护自己的自尊心;尽量说好话,恶言讥讽别人终究要吃亏;说话要考虑别人的感受,不要想说什么就说什么,即使是事实,也不要全都说出来,免得伤害了别人!

批评要掌握好火候

批评必须有度,轻了达不到改正错误的作用,重了会使对方受到严重的伤害,甚至产生反作用。对别人有益的批评几乎每个人都会接受,但如果你的批评有点过火或者掺杂着其他的目的和个人情感,这样的批评就失去了原有的味道,引起别人的反感,这样的批评不如不说。

要使批评能被人接受,就要讲究方法和艺术,而以下的批评方法是万万要不得的。

不分场合,随处发威

批评人必须讲究场合和范围。有的批评可在大会上进行,而有的只能进行个别批评。若不注意批评的场合和范围,随便把只能找本人谈的问题拿到大会上讲,就会使对方感到脸上无光,不利于问题的解决。批评人,特别要注意不要随便当着对方下级的面或客人的面批评他。否则,对方会认为你是故意丢他的脸,出他的丑,使他难堪,会引起对方公开对抗。许多争吵,往往是由于批评的场合不对引起的。

吹毛求疵,过于挑剔

批评人是必要的,但并不是事事都要批评。对于那些鸡毛蒜皮的小问题、小毛病,只要无关大局,应当采取宽容态度,切不可斤斤计较、过于挑剔。这种做法,只能使人谨小慎微,无所适从,不求有功,但求无过,甚至产生离心作用。

乘人不备,突然袭击

批评人,事先最好打个招呼,使对方先有一定的心理准备,然后再批评,对方不至于感到突然。比如,有的人做错事,但本人并没有意识到。这时应当先通过适当时机,吹吹风,或指定与对方关系较好的人先去提醒他,使其先自行反省,然后再正式批评他,指出其错误所在。这样他有了心理准备,不至于感到突然,就比较容易接受批评了。反之,如果当对方尚未认识到自己有错,就突然批评,不仅会使人不知所措,还会怀疑你批评人的诚意。

清算总账,揭人老底

批评应当针对当前发生的问题。对于过去的问题尽量不要拉扯出来。有些上司为了说服对方认识问题,或为了证明对方当前的行为是错误的,便把心中积存的有关"问题"全部数落出来。这样做,只能使对方感到你一直暗地里注意收集他的问题,这一次是和他算总账,从而产生对立情绪。

威胁逼迫,以势压人

批评人只有在平等的气氛中进行,才容易被人接受。如果摆出居高临下,盛气凌人的架势,说不服就压服,动不动就说:"是我说了算,还是你说了算?"或下最后通牒:"必须……否则……"这样,逆反心理就产生了。对方可能会想,干吗一定要听你的?或者反过来挑衅地说:"悉听尊便,请吧,我才不怕呢。"结果是逼而不从,压而不服,激起反抗情绪。

当面不说,背后乱说

中国有句俗语:"当面批评是君子,背后议论是小人。"这句话反映了人们的一种心态:不喜欢背后批评人。当面批评,可以使对方听清楚批评者的意见和态度,也便于双方的意见得到交流,消除误会。

如果背后批评,会使对方产生错觉,认为你有话不敢当面讲,一定是肚里有鬼。再说,不当面讲,经他人之口转达,很容易把话传走样,造成难以消除的误解。

嘴上不严,随处传扬

批评人不能随处发威,更不能随处传扬。有的前脚离开下级,后脚就把这件事告诉了别人;或者事隔不久批评另一个人时,又随便举这个做例子,弄得该问题人人皆知,满城风雨,增加了当事人的思想压力和反感情绪。这是一种不负责任的作风。

一批了之,弃之不管

批评只是解决思想问题的手段,而不是目的。当一个人受到批评后,在心理上会产生疑虑情绪：是不是领导对我有成见？带着这种情绪，他会特别留心领导的有关言行，从中揣测领导对他的看法。当发现领导不理睬他时，他就会认为领导对他有成见；当你无意批评到与他相似的问题时，他会神经过敏地认为你又在讲他，又在与他过不去。为了消除这种猜忌心理，我们在批评过后，要细心观察他的变化，对他表示关心和体贴，有了点滴成绩，及时肯定；有了困难，及时帮助。这样才能有助于消除猜忌心理，达到批评的目的。

批评不能靠量多取胜。有的批评只能点到为止。当一个人受到批评后，心里已经很不自在了，如果再重复批评他，他会认为你老是跟他过不去，把他当成反面典型看待。多一次批评，就会在他心里多一分反感。

批评人应尽量准确、具体，对方哪件事做错了，就批评哪件事，不能因为他某件事做错了，就论及这个人如何不好，以一件事来论及整个人，把他说得一无是处，一贯如此。比如用"从来""总是""根本""不可救药""我算看透你了"等来否定人，都是不可取的。

沟通中注意手势

伸开手掌,仔细观看,五个手指排列得是那么完美。这是上帝送给我们的一份精美礼物,我们可不能随便"滥"用它。

有一则古老的笑话:一个异乡人向一位农夫问路。农夫的双手抱着一个西瓜,听到异乡人的询问后,便停了下来,把西瓜交给异乡人。异乡人抱着西瓜,感觉莫名其妙。这时,他看见农夫把两个手掌摊开,摇着头说:"对不起,我不知道。"异乡人这才恍然大悟,对农夫道了谢,笑着走开了。

农夫本来就可以直接说:"我不知道!"但是,他好像只有做了手势才能把这句话说出来! 这个笑话充分地体现了手势的作用。

在日常的沟通交流中,有效地利用手势,对加深彼此的关系是非常有帮助的。但是,有些手势是不能随便用的,如果不加以注意,很容易引起别人的误会!

小明参加一个大型艺术公司的招聘。他本身擅长钢琴演奏,最近又学习了吉他,对音乐的理解更加深入,所以他对自己应聘器乐演奏这个职位很有信心。

公司经理对包括小明在内的 12 个应聘者首先进行了统一面试。面试结束后,小明和其他三个人被留下接受最终的考核。

小明排在第二位,第一位出来时面无表情,"看样子是没通过!"小明心里暗自窃喜,快步走进总监的办公室。总监很和蔼,他让小明坐在沙发上,便开始跟小明聊天。总监谈论的都是乐器方面的知识,小明懂得很多,所以他的紧张感逐渐消失了,话也多了起来。当总监跟小明谈到钢琴的即兴伴奏时,小明的兴奋劲上来了。因为小明最擅长的就是即兴时候华彩的演奏,他能很贴切地配合歌曲本身,达到很好的效果。

小明的话匣子一打开,就开始坐不住了,甚至想要站起来表达自己。他的双手挥舞着,示指一直对总监"指指点点",而他自己却浑然不觉。总监看到小明这个样子,觉得很不舒服,于是委婉地对小明说:"你的演奏能力的确很强,我们需要考虑考虑,你回去等我们的通知,好吗?"小明的兴致被打断了,他感觉很突然,因为他觉得自己完全有能力胜任这份工作,但也没有别的办法,只好默默地退了出来!

过了几天,他去吉他老师那里上课。有不懂的问题时,他便用手指"指"着老师询问。老师注意到了他的动作,意味深长地对他说:"小明啊,你说话时怎么能用手指'指'人呢,要知道这样会让对方很不舒服。而且,在某些地区,用手指指人是'侮辱'和'看不起'的意思,以后可要注意啦!"

小明看着自己的手,很疑惑地说:"咦,我平时都没有注意到呢,我一激动就容易这样,以后还真得改改啊!"

手是人的第二张脸,在日常沟通中,我们不可避免地喜欢用一些手势来衬托、补充语言。但是,手势的运用一定要注意忌讳,只有合乎规范,才不至于引起是非。

下面列出一些手势禁忌:

1. 跷手指:跷小拇指表示贬低、较小、较差的意思。而用手指去指别人,会让对方感到很大的压力,而且还含有贬低、轻视的意味。

2. 挥手:两个人远远相见,挥手打个招呼,或者在分手时挥手告别,一般是手举过头顶,轻轻摆动。但是,在美国掌心向下挥动打招呼是唤狗的手势。所以,遇见美国人时一定要谨慎使用。

3. OK手势:拇指、示指相接成环形,其余三指伸直,掌心向外。OK手势源于美国,在美国表示"同意""胜利""很好"的意思;而在法国表示"零"或"毫无价值";在日本是表示"钱";在泰国表示"没问题";在巴西则是表示"粗俗下流";在突尼斯表示"无用";在印尼表示"不成功";在地中海国家,常用它来影射同性恋。

4.V形手势:这种手势是二战时的英国首相丘吉尔首先使用的,现在已传遍世界,是表示"胜利"。如果掌心向内,就变成骂人的手势了。

由于区域性的差异,手势的含义也有很多差别。所以,只有我们对手势有足够的了解时,才可以合理地运用。否则,还是要谨慎些,以免引起不必要的误会。

沟通要避免争执

争论中永远没有赢家,你赢了,对方不愿再跟你交往下去。你输了你就对对方有所顾忌,这是一个两败俱伤的结局。所以,永远不要卷入争论,以宽容之心待人。

相容是人与人之间相处应该遵循的一个极为重要的原则,能不能做到相容,不仅直接关系到一个人人缘的好坏,而且还影响到人与人之间是否能够得以顺利地沟通。

有一次在报上看到这么一则消息:楼上楼下邻里之间,因不注意,住在楼上的人老是把地板弄得"嘎吱嘎吱"作响,常常把楼下正在午睡的女子惊醒。她心里很气愤,便心生一计;拿出一张纸,在上面画一个人,写上对方的姓名,然后大大画了个"×",悄悄上楼贴在对方的房门上。她刚贴好,正要转身下楼,楼上主妇买菜回来,与她撞个正着,见此情境,两人厮打起来,从此,两家成了仇人。

卡耐基十分重视相容原则在人际交往中的运用。他认为,不相容必然导致双方的争执和争论。他说:任何人都赢不了争论,"十之八九,争论的结果会使双方比以前更加相信自己是绝对正确。你赢不了争论。要是输了,当然你就输了;如果赢了,还是输了。为什么?如果你的胜利,使对方的论点被攻击得百孔千疮,证明他一无是处。那又怎样?你会觉得扬扬自得,但他呢?你使他自惭形秽。你伤了他的自尊。他会怨恨你的胜利。而且,一个人即使口服,但心里不服。因此,从争论中获胜的唯一秘诀是避免争论"。

为此,卡耐基提出九点建议,对你或许会有所帮助:

欢迎不同的意见

因为不同意见往往是人们避免重大错误的最好机会。青年人考虑问题往往欠周到,这时听一下别人不同的意见,或许会起到意想不到的作用。如果你为父母的唠叨而厌烦,或者为周围人的固执而大伤脑筋,这时,请记住:不同意见恰恰是你没有想到的。

不要轻易相信自己直觉的印象

直觉的印象也就是第一感觉的印象。当别人提出不同意见的时候,人们的第一反应就是自卫,即保护自己的想法和自尊心。这种自卫常常使我们的直觉缺乏科学性。

控制自己脾气的爆发

发脾气根本不能帮你解决任何问题,相反,它只能激怒对方,加剧双方的防卫和对抗。

先听为上

让反对者有说话的机会,让他把话说完,不要拒绝、保护和争辩。否则只会增加彼此沟通的障碍。只有先听,听了以后才有可能沟通。不听,也就失去了沟通的基础和依据。

寻找你同意的地方

当听完反对者的陈述后,先看看哪些是你同意的地方,寻找双方的共同点。有了共同语言,沟通起来就容易得多。

一定要诚实

当发现自己错了时,不要掩盖自己的错误,要很快地很热烈地承认,这样,可以有助于解除反对者的武装,减少他们的自卫。

仔细考虑反对者的意见,切勿指出对方错了

同意是出于真心。如果有朝一日反对者对你说:"我早就告诉你了,你就是不听。"那时你就难堪了。如果你说他错了,他不但不会听你的,还伤了他的自尊心,导致人际关系紧张。

为反对者关心你的事情而真诚地感谢他们

肯花时间表达不同意见的人,必然和你一样对同一件事情感到关心,

这说明你们俩有共同的兴趣。因此,把他看做帮助你的人,或许可以把反对者转变为你的朋友。

延缓采取行动,让双方都有时间把问题考虑清楚

要反复地问自己:"反对者的意见可不可能是对的? 他的立场和理由是不是有道理? 我的反应是不是有利于解决问题? 我将会胜利还是失败? 这个难题会不会是我的一次机会?"这样,在双方都有时间把问题考虑清楚的情况下,再做出决定,往往是比较成熟的。

中国人最爱面子。尤其是青年人,年轻气盛,自尊心很强,常常为一点小事争得面红耳赤,互不相让。有时即使意识到自己错了,但为了保住面子,也要无理搅三分,甚至不惜攻击对方的人格。这样的争论对人际关系是有百害而无一利的。

相容是一种待人处事的原则。要想做到相容,并不是一件容易事,它需要我们在许多方面做出努力。

一个人能不能做到相容,跟他的修养、性格、气质等多种因素有关。一般说来,文化素质高,道德品性好,性格开朗,气质安静沉稳的人,往往有比较强的相容性。就拿人的气质来说吧,多血质和黏液质的人,其相容性要高于胆汁质和抑郁质的人。

沟通切忌傲慢

孔雀高高地翘着它的尾巴,把周围的一切都不放在眼里。交际场中也有这种高傲的孔雀,面对这样的谈话对象,适当地挫其锐气,就会压制他的气焰,让他平等地审视自己!

在某次招待会上,苏联领导人赫鲁晓夫因对美国通过的一项关于被奴役国家的决议十分不满,便对前来赴会的美国副总统尼克松傲慢无礼地说道:"我很不明白你们的国会为什么在如此一次重要的国事访问前夕,通过这么一项决议。"

说到这里,他十分愤怒,大声嚷嚷起来:"你们这个决议臭得像刚拉下来的马粪,没有比这马粪更臭的东西了!"说完,赫鲁晓夫盯着尼克松。尼克松决定以牙还牙,将他一军,他想起他看过的背景材料里曾提到过赫鲁晓夫年轻的时候当过猪倌。

于是,尼克松也盯着赫鲁晓夫,用平静的语气,不紧不慢地回敬道:"我想主席大概弄错了,还有一样东西比马粪更臭,那就是猪粪!"

赫鲁晓夫听后,傲气大挫,刹那间赫鲁晓夫额头上的青筋都冒出来了。可是他突然又展开笑颜说:"说得很对,你之前说我们应该谈点别的,也许你说对了。"

在日常交际中,有些人会因为自己的容貌、资质等优势而表现出一种目中无人、蔑视他人的高傲,甚至还会蓄意攻击他人。对此类给他人带来不快、严重影响他人情绪的人,需要进行有力的反击,抑制其恶性的发展,以向正常的沟通过渡。

沟通力——借问酒家何处有

俄罗斯有一位著名的小丑叫杜罗夫。有一次,杜罗夫在表演后台休息,这时候突然来了一位十分傲慢的观众,他走到杜罗夫的身边用一种讥讽的语气说:"小丑先生,听说观众都非常喜欢你呀!"杜罗夫回答:"还好。"

那位观众继续轻蔑地说:"那你说,要想在马戏团受欢迎,小丑是不是就必须长着一张奇怪又愚蠢的脸蛋儿呢?"杜罗夫听后并没有大怒,而是微笑着反击回去:"确实如此。不过,如果我能长一张像先生您这样的脸蛋儿,我肯定能拿双倍工资!"

这位傲慢的观众用过于唐突的言辞叫杜罗夫难堪,杜罗夫用这种婉转幽默的方法反驳对手,成功地讽刺了傲慢的观众。抓准对方众所周知的痛处是压制对方傲气的有效方式。另外,抓住他人的软肋也是挫其傲气的有效方式。

身为英国的驻日公使,巴克斯是一个十分高傲的人,他同日本外务大臣寺岛宗常和陆军大臣西乡南州打交道时,经常对他们不屑一顾,甚至有时还加以嘲讽。但是他有一个弱点,那就是每当他碰到棘手的事情时,他总会说:"等我和法国公使谈了之后再回答吧!"寺岛宗常和西乡南州决定利用这句话攻击巴克斯,使其改变这种傲气十足的行为。

一天,西乡南州故意问巴克斯:"我很冒昧地问你一件事,英国到底是不是法国的属国呢?"巴克斯听后又傲慢无礼地答道:"你这说得太荒唐了。如果你是日本陆军大臣你完全应该知道英国不是法国的附属国,英国是世界上最伟大的君主立宪制国家,甚至连德意志共和国也不能与其相提并论!"

这时候,西乡南州说:"我以前也认为英国是个强大的独立国,现在却不这样认为了。"巴克斯愤怒地质问道:"为什么?"

西乡南州说:"阁下无论事情大小,都先与法国公使商谈,如果英国不是法国的附属国,请问,你每次这么做,有这个必要吗?"巴克斯气得说不出话来,从此也再不敢轻视西乡南州。

俗话说："**害人之心不可有,防人之心不可无。**"掌握随机应变的语言表达能力很重要。面对傲慢无礼者,该表现出刚强的时候要刚强,该反击的时候要反击。这样,才不会被视为弱者,相反还会赢来对方的尊重。

在说服高傲无礼者时,气势起着非常关键的作用。面对底气不足、唯唯诺诺、不敢与别人针锋相对的人,高傲者自然会看不起你。反之,若遇到理直气壮、临危不惧的人,高傲者就会被气势压倒,开始思考你的意见。

第三章
赞美是沟通的窗户

　　智者说人长,蠢人道人短。"甜言蜜语"总会打动人心,适当的溢美之词谁都喜欢。

　　在沟通中学会有效地赞美和恭维,就会给他人带来温暖的阳光,沟通也会变得更加和谐,更加美好!

　　每个人嘴上都会说:你只要说得对,我什么样的话都可以接受。

　　其实这是最大的谎言,谁不愿意从别人嘴里听到对自己的肯定呢?所以,要想深入沟通,必须说对方爱听的话,拣好话说,没有人在心里会拒绝好话。

沟通前要适度的赞美

人总是喜欢听好听的话，即使明白对方讲的是奉承话，心里还是免不了会沾沾自喜，这是人性的弱点。换句话说，一个人受到别人的赞美，绝不会觉得厌恶，除非对方说得太离谱了。

爱美之心人皆有之，每个人都具有不同的个性，也都具有不同的优缺点，每个人都在乎外界对自己的肯定和赞扬。抓住每个人的个性，赞美他们的优点，是协调人际关系的有效手段之一。真诚的赞美，会使你获得良好的人际关系，会让你感到其乐融融。

有一位工程师史先生，他想要降低房租，可他知道他的房东是相当顽固的，他说："我写信给房东，告称在租约期满后，准备迁出，实际上我并不想迁居，只希望能减低租金。但依情势来看，不会有太大希望。因为许多的房客都失败过，那房东是难以应付的。不过我正在学习如何待人的技术，因此我决定试验一下。房东收到我的信后，不出几天就来看我，我在门口很客气地迎接他，我充满了和善和热诚，我没有开口就提及房租太高，我开始谈论我是如何的喜欢他这房子，我做的是'诚于嘉许宽于称道'。我恭维他管理房舍的方法，并告诉他很愿意继续住下去，但是限于经济能力不能负担。

"显然，他从未接受过房客如此的肯定和款待，他几乎不知如何是好。于是他开始向我吐露，他也有他的困难。有一位抱怨的房客，曾写过十多封信给他，简直是在侮辱他，更有人曾指责，假如房东不能增加设备，他就要取消租约。

"临走时他告诉我：'你是一个爽快的人，我乐于有你这样一位房客。'

没有经过我的请求,他便自动减低了一点租金,我希望再减一点,于是我提出了我的数目,于是他便毫无难色地答应了。当他离开时,还问我:'有什么需要替你装修的吗?'

"假如我用了别的房客的方法去减低租金,一定会遭遇他们同样的失败,可是我用了友善、同情、欣赏、赞美的方法,使我获得了胜利。"

当然,赞美别人要真心,要恰如其分,不要言过其实,说得天花乱坠,过了头的就不是赞美,而是"拍马屁"了。因人、因时、因地、因场合适当地赞美,是对别人的鼓励和鞭策。年轻人爱听风华正茂、有风度的赞语;中年人爱听幽默风趣、成熟稳健的赞语;老年人爱听经验丰富、老当益壮、德高望重的赞语;女同志爱听年轻漂亮、衣服合体、身材好的赞语;孩子爱听活泼可爱、聪明伶俐的赞语;病人爱听病情见好、精神不错的赞语。

赞美有时也无须刻意修饰,只要源于生活,发自内心,真情流露,就会收到赞美之效。但要更好地发挥赞美的效果,也需要注意以下几个要点。

实事求是,措辞恰当

当你准备赞美别人时,首先要掂量一下,这种赞美,对方听了是否相信,第三者听了是否不以为然。一旦出现异议,你有无足够的理由证明自己的赞美是有根据的。

一位老师赞美学生们:"你们都是好孩子,活泼、可爱、学习认真,做你们的老师,我很高兴。"这话很有分寸,使学生们既努力学习,又不会骄傲。但如果这位老师说:"你们都很聪明,将来会大有出息,比其他班的同学强多了。"效果就大不一样了。

赞美要具体、深入、细致

抽象的东西往往不具体,难以给人留下深刻印象。如果称赞一个初次见面的人"你给我们的感觉真好",那么这句话一点作用都没有,说完便过去了,不能给人留下任何印象。但是,倘若你称赞一个好的推销员:"小王这个人为人办事的原则和态度非常难得,无论给他多少货,只要他肯接,就绝对不用你费心。"那么由于你挖掘了对方不太明显的优点,给予赞扬,增加了对方的价值感,因此赞美起的作用会很大。

热情洋溢

漫不经心地对对方说上一千句赞扬的话,也等于白说。缺乏热情的空洞的称赞,并不能使对方高兴,有时还可能由于你的敷衍而引起对方的反感和不满。

赞美多用于鼓励

鼓励能让人树立起自信心。自信是成功的一半,用赞美来鼓励对方,能达到事半功倍的效果,尤其在"第一次"。无论任何人做任何事情,都有第一次,如果对方第一次做得不好,你应该真诚地赞美一番:"第一次有这样的表现已经很不容易了!"别人会因为你的赞美而树立信心,下次自然会做得更好。

对别人的赞美要客观、有尺度、出于真心,而不是阿谀奉承、刻意恭维讨好,这样做会适得其反,会引起别人反感。赞美之词既是对别人成绩的肯定,使听者感受到自己存在的价值,激发他人努力去做出更大的成就,与此同时自己也能获得无限的快乐。而扼杀人与人之间最为宝贵的真诚乃是妒忌,见不得别人比自己有地位、有成就,见不得别人比自己有钱。这样的心态,是无法说出真诚的赞美之词的。说出真诚、由衷的赞美是需要雅量的。

取人之长补己之短,抬着头看别人,你就会越走越高。反之总觉得别人不如自己,高高在上,低着头看别人你就会越走越低。善于发现别人的长处,还必须善于赞美,赞美别人的同时,你的心灵得到净化,你就会发现世界无限美好,人间无限温暖。

赞美也要花心思

　　赞美是一种发自内心的肯定。新鲜贴切的赞美让人觉得受用,给人留下极好的印象;而空洞陈旧的赞美则会让人感觉虚情假意,自然不会向你敞开胸怀!

　　赞美应该讲究艺术性,好的赞美无疑会给人一种美的享受。要想引起别人的注意,赞美也要赞得"既在意料之外,又在情理之中"!

　　有一年冬天,钱钟书先生访问日本,受邀去早稻田大学文学教授座谈会上做《诗可以怨》的演讲。面对众多陌生的日本面孔,钱先生不慌不忙地说了一篇非常精彩的开场白:

　　到日本来讲学,是很大胆的举动,就算一个中国学者来讲他的本国学问,他虽然不必通身是胆,也得有斗大的胆。理由很简单:日本对中国文化各个方面的卓越研究,是世界公认的;通晓日语的中国学者也满心敬佩和虚心采用你们的研究成果,深深知道要讲一些值得向各位请教的新鲜东西实在不是轻易的事。我是日语的文盲,面对着贵国"汉学"等文化的丰富宝库,就像一个既不懂号码锁又没有开撬工具的穷光棍,瞧着大保险箱,只好眼睁睁地发愣。但是,盲目无知往往是勇气的源泉。

　　意大利有一句嘲笑人的俗语,说:"他发明了雨伞。"据说有那么一个穷乡僻壤来的土包子,一天在路上走,忽然天下起小雨来了,他凑巧拿着一根棒和一方布,人急智生,他用棒支撑方布,遮住头顶,到家时居然发现自己没有被淋湿。他自我欣赏之余,觉得也对人类作出了贡献,应该公之于世。他风闻城里有一个发明品专利局,就兴冲冲拿着棒和布赶进城去,到专利局里报告和演示他的新发明。局里的职员听他说明来意,哈哈大笑,拿出一把雨伞来，让他看个仔细。我今天就仿佛那个上专利局的乡下佬，孤陋寡闻，没见识过雨伞。不过，在找不到屋檐去躲雨的时候，棒撑着布也不失为应急的一种有效办法……

钱钟书在这段开场白中首先强调了日本对汉学研究的精深，让中国人不敢等闲视之，以至于即使是中国专家在日本讲中国学问，也要对听众的水平做最充分的估计。然后，又诉说自己不通晓日语，除了有勇气之外，没什么资本。通过这两段内容的衔接，钱钟书先生极其巧妙地对日本进行了赞美，既富有新意，又表述恰当，让在座的所有人都暗暗赞叹。赞美要有新意才能打动人心，如果一味地说一些陈词滥调，即使是在诉说事实，也不会提起别人的兴趣。

赞美是一种"高雅"的行为，要想感动对方，一定要用点心思才行。抛开陈旧的言辞，运用自己的灵感，让赞美的话"精美绝伦"，这样，每个人都会被我们所打动的！

人人都喜欢"美酒饮到微醉后，好花看到半开时"，恰到好处的赞美不但能把话说到别人心窝里，而且在人际交往中也会增加自己的个人魅力。所以，希望我们用心去熬制一碗赞美汤，让周围的人都能够享受到它的美妙滋味！

渐进式赞美沟通方式

人和人之间的交流,贵在真诚和和谐。只要用心去拥抱对方美好的一面,就会在彼此的心上架起一座彩虹!

赞美要想不流于逢迎和奉承,就要说到对方的心坎里,让对方真正感受到自己的真诚,深入赞美就如和煦的春风,能轻而易举地深入对方心里,打开别人的心扉!

1997 年,金庸与日本文化名人池田大作展开了一次对话。在对话刚开始时,金庸谦虚地说:"我虽然与过去跟会长(指池田大作)交流的世界知名人士不是同一个水平,但我很高兴能有这个机会。"池田大作听罢赶紧说:"您太谦虚了。您的谦虚让我深感先生的'大人之风'。在您 72 年的人生中,这种'大人之风'是一以贯之的,您的每一个脚印都值得我们铭记和追念。"

池田大作边说边请金庸用茶,然后又接着说:"正如大家所说'有中国人之处,必有金庸之作',先生享有如此盛名,足见您当之无愧是中国文学的巨匠,是处于亚洲巅峰的文豪,而且您又是香港舆论界的旗手,正是名副其实的'笔的战士'。《春秋·左传》有云:'太上有立德,其次有立功,其次有立言,是之谓三不朽。'在我看来,先生您所构建的众多精神价值才是真正属于'不朽'的。"

池田大作对金庸的赞美可谓步步深入,从作品流传之广、到香港舆论的旗手、到"笔的战士"、到精神价值的不朽,相信谁听了这样的赞美都会非常受用,难怪两人接下来的谈话会那么和谐!

深入赞美,不仅能给人愉悦感,而且还能激发人的潜能,让人奋发前进!

一位年轻的妈妈第一次参加家长会时,幼儿园的老师说:"你的儿子有多动症,在凳子上都坐不到三分钟,你最好带他去医院看一看。"她感觉到了老师的不屑,鼻子一酸,差点流下泪来。然而,回家的路上,她却对儿子说:"宝宝真厉害,老师今天表扬你了,说宝宝原来在板凳上坐不了一分钟,现在能坐三分钟了。妈妈也受到了表扬,因为只有妈妈的宝宝获得了进步!"那天晚上,儿子一直很高兴,吃饭的时候破例没让妈妈喂。

很快,儿子上小学了。家长会上,老师说:"这次数学考试,全班50名同学你儿子排在第49名,我们怀疑他智力上有些障碍,你最好能带他去医院查一查。"走出教室,她流下了泪。然而,当她回到家里,却对坐在桌前的儿子说:"老师对你充满了信心。他说你并不笨,只要你再努力些,一定会超过你的同桌。"这时,她发现,儿子暗淡的眼神一下子有了光亮,沮丧的脸也一下子舒展开来。从这以后,儿子变得勤奋努力,也懂事了很多。第二天上学时,他去得比平时都要早。

儿子上了初中,又一次家长会。她坐在儿子的座位上,等着老师点儿子的名字,因为每次家长会,儿子的名字总是在差生的行列中被点到。然而,这次却出乎她的意料,直到家长会结束,都没听到儿子的名字。她有些不习惯,特意去问老师,老师告诉她:"按你儿子现在的成绩,考重点高中有点危险。"听了这话,她惊喜地走出校门,此时,她发现儿子正在等她。走在路上,她扶着儿子的肩膀,心里有一种说不出的甜蜜,她告诉儿子:"班主任对你非常满意,他说了,只要你努力,很有希望考上重点高中。"儿子听后非常开心,学习更加努力了……

高考结束了。第一批大学录取通知书下达时,学校打电话让儿子到学校去一趟。她有一种预感,儿子被重点大学录取了,因为在报考时,她对儿子说过,相信他能考取重点大学。儿子从学校回来,把一封印有"清华大学招生办公室"字样的特快专递交到她的手里,突然大哭起来。儿子边哭边说:"妈妈,我知道我不是个聪明的孩子,可是,这个世界上只有你能欣赏我,也只有你在不停地赞美我,夸奖我……"听了这话,妈妈再也按捺不住十几年来凝聚在心中的泪水,任它流下,打在手中的信封上……

这位伟大的母亲用深深的爱精心编织着送给儿子的赞美,这赞美不笼统、不敷衍,每次都有非常实际的内容,只要儿子稍稍努力就能达到。这赞美激励着儿子一点点进步,终于在学业上取得了骄人的成绩,这就是深入赞美的力量!深入赞美闪耀的光芒,能除去人们心中的自卑和胆怯。深入赞美更是一种力量,它让听者在无形中受到感召,从而战胜一切困难!

轮船能乘风破浪,飞机能翔翔天际,我们接触的每一个人也都有自己的优点。对这些优点进行有效地强调,能使彼此的心门更加敞开!

在第三方面前赞美他人

赞美是一种学问,其中奥妙无穷,但最有效的赞美则是在第三方面前赞美人。这种方法不仅能使对方愉悦,更具有表现出真实感的优点。假如有一位陌生人对你说:"我的朋友经常对我说,你是位很了不起的人!"相信你感动的心情会油然而生。因为这种赞美比起一个人当面对你说:"先生,我是你的崇拜者",更让人舒坦,也更容易相信它的真实性。

美国前总统罗斯福有一个名叫布德的副官,他对赞美曾有过非常深刻的见解:背后赞美别人的优点,比当面恭维更为有效。可以说,这是一种很高的赞美技术,在人背后赞美人,在各种赞美方法中,要算是最使人高兴的,同时也是最有效果的。

因为当你直接赞美别人时,对方极可能以为那是应酬话、恭维话,目的只在于安慰自己罢了。若是透过第三方的传达,效果便截然不同了。此时,当事者必然认为那是认真的赞美,毫无虚伪,于是真诚接受,感激不已。

试想一下,如果有人告诉你,某某人在你背后说了许多关于你的好话,你会不高兴吗?这种赞美,如果当着你的面说给你听,或许会适得其反,让你感到虚假,或者疑心他是不是出于真心。为什么间接听来的便觉得特别地悦耳动听呢?那是因为你坚信对方是在真心赞美你。

事实上,在我们的周围,可把这种方法用在很多场合。例如,一个员工,在与同事们午休闲谈时,顺便说了上司的几句好话,"咱们的上司很不错,办事公正,对我的帮助尤其大,能为这样的人做事,真是一种幸运。"如果这几句话传到他的上司的耳朵里去了,这免不了让上司的心里有些欣慰和感激。而同时,这个员工的形象也上升了。

不要小看这些细节,生活就是由无数个细节组成的。生活没有多少轰轰轰烈烈被载入史册的事情等着我们,我们要做的只是细节,一个又一个。现在,我们要注意的一个细节是,坚持在背后说别人好话,别担心这好话传不到当事人的耳朵里。

在说别人的好话时,当面说和背后说是不同的,效果也不会一样。你当面说,人家会以为你不过是奉承他,讨好他。当你的好话在背后说时,人家认为你是出于真诚的,是真心说他的好话,人家才会领你的情,并感谢你。假如你当着上司和同事的面说上司的好话,你的同事会说你是讨好上司,拍上司的马屁,而容易招致周围同事的轻蔑。另外,这种正面的歌功颂德,所产生的效果反而很小,甚至有反效果的危险。你的上司脸上可能也挂不住,会说你不真诚。与其如此,倒不如在公司其他部门,上司不在场时,大力地"吹捧一番"。这些好话终有一天会传到上司的耳中的。

"前"与"后"的关系构成一个整体。所谓"思前想后"讲的就是这个道理。人生也有"前台"与"后台",即如何处理好人前与人后的关系,往往影响很大。**坚持在别人背后说好话,对你的人缘会有意想不到的影响。**背后说好话,这样就可以人人不得罪,左右逢源,你好我好大家好了。

魔力悄悄话

对一个人说别人的好话时,当面说和背后说是不同的,效果也不会一样。你当面说,人家会以为你不过是奉承他,讨好他。当你的好话在背后说时,人家认为你是出于真诚的,是真心说他的好话,人家才会领你的情,并感谢你。

夸人可以绿叶衬红花

用绿叶来陪衬红花,用黑暗来衬托光明,通过对比,总能间接地抬高一个人的地位,从而赢得别人的欢心……

赞美有很多技巧,其中对比性赞美就是很实用的一个。通过对比,很容易衬托出对方的"优越性",从而让对方"心花怒放"。

有一位男青年爱慕一位姑娘很久了,这天,他终于鼓起勇气来追求她。

这天,姑娘和青年坐在花园里,姑娘问青年:"你来有什么事情吗?"

青年反问道:"你知道夜莺小姐吗?"

"夜莺小姐,是不是最近很出名的、登上报纸头条的那个伦敦姑娘呢?"

"对,就是她!"青年开始兴高采烈起来,"我有几个朋友见过她,把她夸奖得近乎完美。我本来不信,但是前几天我有幸跟她做了一次交流,结果你猜怎样?"男青年压低了声音,故作神秘地问道。

"嗯,我猜她一定没有辜负你朋友的叙述吧!"姑娘淡淡地说。"没错,就是这样!"

青年一拍大腿,兴奋地说:"她真是我见过的最完美的姑娘了!她长着一双大大的眼睛,既有神采,又有智慧。她的睫毛又长又美丽,鼻子和嘴巴小巧玲珑,整个脸庞都洋溢着美妙的气息。她身材高挑,举止大方,彬彬有礼。她一张嘴,你猜怎么着,字字珠玑。跟她交谈,简直就是一种享受……"

青年兴高采烈地叙述着,看起来神采飞扬。姑娘看着他,竟然被他吸引住了。"没错,自己对他有好感,可是,他这样兴奋却是为了别的女人。"姑娘心里突然有些伤感。

青年说完了,姑娘有点生气地说:"既然她这么完美,你不去追她,到我这儿来干什么呢?"

"但是,"青年吸了一口气,深情地望着姑娘,"在我心中,你比她更完美!"姑娘在惊讶之余心里充满了甜蜜。

这个青年真是无比聪明,他先找出一个对象,然后极力地赞美,最后用对比来突出心上人更加完美。他营造出一种"巅峰"的效果,让姑娘感动不已,最后终于成功牵起了佳人的手。

在沟通中,通过对比性赞美,很容易"感化"一些人的心,从而达到自己的目的。

20世纪30年代,美国费城电气公司的比博到某州的乡村去推销用电。到了一户富有的农家面前,他叫开了门。开门的是个老太太,她一见比博是来推销电的,"砰"的一声就把门关上了。

比博没有泄气,他再次叫开了门。透过门缝,比博真诚地说:"很抱歉打扰了您,我知道您对用电不感兴趣,所以我并不是来推销电的,我是想来买几个鸡蛋的。"老太太听后,把门开大了一点,探出头怀疑地望着比博。

比博继续说:"我看见您喂的道明尼克鸡种很漂亮,所以我想买一打新鲜的鸡蛋回城。"

老太太问道:"你们城里没有鸡蛋吗?"

"城里的鸡蛋都是白色的,做成蛋糕不好看,而您的鸡产的棕色的蛋就要好得多了。"

比博的话赢得了老妇人的好感,她打开了门,态度温和了许多,并和比博聊起鸡蛋的事情。比博指着院里的牛棚说:"夫人,我敢打赌,您丈夫养牛赶不上您养鸡赚钱多。"老太太听了这句话后,心花怒放。长期以来,她丈夫总不承认这个事实。于是,她把比博视为知己,带他去鸡舍参观。比博边参观边赞扬老太太养鸡养得好,并顺便说,如果能用电灯照射,鸡产蛋会更多。老太太此时已经完全打消了对比博的反感,对用电也产生了兴趣,比博也给她做了详细周到的介绍。

两个星期后，比博收到了老太太寄来的用电申请。

比博通过对比性赞美，让老太太心情愉悦，取消了对自己的戒备，实现了推销目的。由此可见，对比性赞美比一般性赞美更让人感觉真诚，更容易打动别人，因此，收到的效果也是格外神奇的！

中国古代兵法三十六计之一为"声东击西"，放在沟通里也百试不爽。欲擒先故纵，预先取之必先予之，先抑后扬……这样的赞美能够使得听者渐渐放下戒备，从而不自觉就打开心门，最终达到你想要的沟通的目的。

拍马屁不是最佳沟通

长期以来,我们有一个偏见,那就是将那些善于说赞美话的人一律称之为"马屁精",人们误认为这些人人格多么低下,甚至不齿于和他们相提并论。其实,这是对人际关系的一种误解。

伟大的心理学家席莱说:"**我们极希望得到别人的赞扬,同样的,我们也极为害怕别人的指责。**"仔细观察你就会发现,周围的人或多或少都在说着赞美别人的话,只不过这种方式有多种多样。就人际关系日益复杂的今天来说,多说赞美话不仅不是坏事,相反倒是好事。

在现代交际中,几句适度的赞美对成功做人来说必不可少,一个人总想客观地了解自己,又想得到他人的认同,如果为他人所赞美,他往往会有种成就感,也往往对赞美他的人产生好感。在许多场合,适时得当的赞美常常会发挥它的神奇功效。

有一位著名的企业家给员工陈述了这样一件事情。在他还是一名见习服务员的时候,常常对生活不满意。

特别是上班的第一天,他在杂货店里忙活了整整一天,累得筋疲力尽。他的帽子歪向了一边,工作服上沾满了点点污渍,双脚越来越疼。他感到疲倦和泄气,似乎觉得自己什么也干不好。

好不容易为一位顾客列完了一张烦琐的账单,但是这位顾客的孩子们却三番五次地更换冰激凌的订单,此时的他已经忍耐到了极点。

这时候,这家人的父亲一边给他小费,一边笑着对他说:"干得不错,你对我们照顾得真是太周到了!"突然之间,他就感觉到疲倦消失得无影无踪了。

后来,当经理问到他对头一天的工作感觉如何时,他回答说:"挺好!"那几句话似乎把一切都改变了。

忙碌的现代人在繁忙中逐渐丢掉了许多东西,包括短短的几句赞美之语。其实,**赞扬就像是照在人们心灵上的阳光,没有阳光,我们就无法发育和成长**。

赞美不仅是一种悦耳的声音,更是一种力量,一种可以提升我们生活质量的强大力量。

古时候有一个说客,当众夸下海口说:"小人虽不才,但极能奉承。平生有一愿望,就是要将一千顶高帽子给我最先遇到的一千个人戴,现在已送出了九百九十九顶,只剩下最后一顶了。"

有个长者听后摇头说道:"我偏不信,你那最后一顶用什么方法也戴不到我的头上。"

说客一听,忙拱手道:"先生说得极是,小人从南到北,闯了大半辈子,但像先生这样秉性刚直、不喜奉承的人,委实没有!"

长者顿时手拈胡须,洋洋自得地说:"你真算得上是了解我的人啊!"听了这话,那位说客立即哈哈大笑:"恭喜恭喜,我这最后一顶帽子刚刚送给先生你了。"

虽然这只是一则笑话,但它却有深刻的寓意。其中除了那位说客的机智外,更包含了人们无法拒绝赞美之词的道理。

在这个社会上,说赞美话是与人交际所必备的技巧,赞美话说得得体,会使你更迷人!

当然,赞美别人也要有技巧,因为千人千面,没有谁会喜欢千篇一律的赞扬话。赞美别人首要的条件,是要有一份诚挚的心意及认真的态度。言辞会反映一个人的心理,因而有口无心,或是轻率的说话态度,很容易为对方识破而产生不快的感觉。再者,要赞美别人时,也不可讲出与事实相差十万八千里的话。

例如,你看到一位流着鼻涕而表情呆滞的小孩时,你对他的母亲说:"你的小孩看起来好像很聪明!"对方的感受会如何呢?本来是赞美的话,却变成很大的讽刺,得到了相反的效果。若你说:"哦!你的小孩好像很健康。"是不是好多了?

所以,赞美别人时要坦诚,这样,你所说的赞美话,会超过一般赞美话的效果,成为真正夸赞别人的话,听在对方耳中,感受自然和一般赞美话不同。

卡耐基认为,在与别人相处时,应该学会尊重别人,尽量减少对别人的伤害。一个和谐的人与人关系的基础是彼此之间互不伤害。

某校有一位同学,在一次命题作文中,抄袭了一期杂志上的一篇散文。极为巧合的是,语文老师恰恰手里有这一期杂志。

多年的从教生涯,使他深深地懂得,保护学生的自尊要鼓励和赞扬,这比用挖苦和指责所收到的效果要好得多,因为它给同学的,是正面的引导和促进。

所以,他没有批评学生,而是把这位同学私下叫到房间里,称赞这篇散文写得很好,并帮助他分析了文章结构和起承转合,嘱咐他向更高的写作目标奋斗。

结果,这一次保护面子的赞许行动,在这位同学心中留下了极为深刻的印象。他真的爱上了写作,靠着自己的执着和勤奋,终于成了知名的业余作家。

赞赏的力量有时的确是十分惊人的,它简直到了点石成金的程度。

美国马斯洛层次理论认为:自尊和自我实现是一个人较高层次的需求,它一般表现为荣誉感和成就感。而荣誉和成就的取得,还需得到社会的认可。赞扬的作用,就是把他人需要的荣誉感和成就感,拱手相送到对方手里。当对方的行为得到你真心实意的赞许时,他看到的是别人对自己努力的认同和肯定,从而使自己渴望别人赞许的愿望在荣誉感和成就感接踵而来时得到满足,并在心理上得到强化和鼓舞。他能养精蓄锐,更有力地发挥自身的主观能动性,向着自己的目标冲击。

　　在我们的生活中,一个善于发现别人长处,善于赞扬别人优点的人,绝不是单方面的给予和付出,同时他也会得到很大的收获。不知你是否也有这方面的体验,赞扬别人,往往也会激励自己。别人的精神会感染我们,别人的榜样会带动我们,人家可以,而我们又为什么不可以呢?

　　心理学家认为:每个人都喜欢受到别人的赞美,是因为每个人都渴望得到别人和社会的肯定和认可,所以一句简单的赞美之词,可使人振奋和鼓舞,使人得到自信和不断进取的力量。

合适的才是对的

沟通的最佳状态,说起来就是把话说到对方的心中。怎么把话说到对方的心中,当然是最有效的沟通。

甲、乙、丙三人在一起谈天,甲问乙:"听说你要高升?"乙连忙回答:"没有这回事,从来没有人向我提起过。"

甲走开以后,乙向丙说:"我们老朋友,我不能不向你报告,上级向我提起,要我接经理的位置,我还在考虑中,不知道你觉得怎么样才好?"

乙并没有扯谎,他只是和甲的交情尚浅,不便一下子说出真实的情况,并没有欺骗的意思。

但是,凭乙和丙的交情,如果不说明真相,势必引起丙的猜疑:"难道看不起我这个朋友,连我都不敢讲真话?"为了这种事情得罪了一位朋友,甚至失去了这一位朋友,那才是真的损失惨重。

乙在对甲选择"保密到家,以免先说先死"的策略,而对丙则采取"私下透露,以免不说也死"的方式,以求"说到不死"的程度。对不同的人,采取不一样的态度,说不相同的话。

表面上中国人骗来骗去,实际上我们最厌恶欺骗的行为。我们只是"看人说话",机动调整而已,绝对不可以存心骗人。许多人始终看不懂,才觉得中国人骗来骗去,我们不要上当才好。有品质管制的观念,把先说先死和不说也死分别看成品质管制的上下限,对不同的人,当然需要说不一样的话。话变来变去,并不代表骗来骗去。

对合适的人,说合适的话,原本是为了保持说话的品质,应该做的合理变化。不过,再怎样说到不死,如果不能够达成沟通的目标,也不算有效。

"这件古董十分名贵,难得见到。我多年来一直想亲眼目睹,始终没有机会,想不到今天有此荣幸。我家里也有一个小的,当然比不上这件。不过,如果大驾光临寒舍的话,我也十分乐意拿出来请教请教。"

这一番话,从这件古董十分名贵,以说明事物开始。经过"多年来一直想亲眼目睹"的表达感情,借着"我家里也有一个小的"来建立"同好"的关系,来进行"邀约大驾光临寒舍"的企图。

沟通应该有预期的目标,然而不适宜一开始便说出来,比较符合"先隐藏起来,再合理表露"的原则。

表达感情的目的,在引起双方的情感交流,产生共鸣,比较容易建立友善的关系。只要关系良好,一开口对方就不容易拒绝,比较有把握达成企图。

尚未引起情感交流,马上表达企图,很容易被拒绝。由情(引起情感的交流)入理(双方互动找出共同的道理)应该有利于良好的沟通。情感未充分交流之前,各人有各人的立场,也有各自的想法,当然不容易沟通。不如在沟通之前,先让彼此的情感作一番交流。大家的情绪稳定,再来沟通,效果应该更为理想。

以"事物"做为沟通的桥梁,不但具体,而且不致引起对方的怀疑。中国人警觉性普遍相当高,所以显得十分多疑。任何话一出口,对方大多不会"就听到的话来判断",反而多半"在听到的话之外去猜测用意"。弦外之音,往往比说出来的话更重要。

第四章 掌握好沟通的节奏

良好沟通,必须以情为先,大家情绪平稳,当然乐于倾听。

言必有物,内容具体可行,空谈一大堆理论,浪费时间。

言之成理,不可自相矛盾,杂乱无章或似是而非,最难令人心服。言行一致,说到就能做到,自己的行动,才最具有说服力。

设身处地,让对方易于接受,避免主观和成见,自然广受大家欢迎。沟通得从容不迫,言默自如,大家都能感受到,沟通是一种艺术。

批评不是单纯的责骂

指责别人而不顾对方的看法,就是把你的意见强加到别人身上。这样谈话建立的基础就非常不平等,自然对方不会服你。要想使批评真正发挥作用,就应先了解一下别人是怎么想的。

如果你不同意他的看法,你也许会很想打断他的讲话。但不要那样,那样做很危险。当他有许多话急着说出来的时候,他是不会理你的。因此你要耐心地听着,抱着一种开放的心胸,要做得诚恳,让他充分地说出他的看法。记着,别人也许完全错误,但他并不认为如此。因此,不要责备他。试着去了解他,只有聪明容忍、特别的人才会这么做。

别人之所以那么想,一定存在着某种原因。查出那个隐藏的原因,你就等于拥有解答他的行为、也许是他的个性的钥匙。

奥斯特洛夫斯基说过:“批评,这是正常的血液循环,没有它就不免有停滞和生病的现象。”我们每一个人都不是生活在真空里,就像我们身上要沾染许多病菌一样,在我们的思想意识和言谈行为上,也会不可避免地出现一些缺点、错误,积极开展批评,才能使我们保持身心健康。但是,在开展批评时,一定要讲究方式、方法,这里也有艺术性。否则难以达到预期效果。

那么,采取什么样的批评方式才会取得好的效果呢?

体谅对方的情绪,取得对方的信任

这是使批评达到预期效果的第一步。“心直口快”作为人的一种性格来说,在某些方面的确可体现出它的优点,但在批评他人时,“心直口快”者往往不能体谅对方的情绪,图一时“嘴快”,随口而出,过后又把说过的话忘了,而在被批评者的心理上却蒙上了一层阴影也失去了对批评者的信任。

所以当你在批评他人时,不妨学会从别人的角度来看问题,设身处地地站在对方的立场考虑一下,自己是否能接受得了这种批评。如果所批评的话自己听来都有些生硬,有些愤愤不平,那么就该检讨一下措辞方面有何要修改之处。

另外,也要考虑场合问题。不注意场合的批评,任何人都不会接受的。

诚恳而友好的态度

批评是一个敏感的话题,哪怕是轻微的批评,都不会像赞扬那样使人感到舒畅。而且,批评对象总是用挑剔或敌对的态度来对待批评者。所以,如果批评者态度不诚恳,或居高临下,冷峻生硬,反而会引发矛盾,产生对立情绪,使批评陷入僵局。

因此,批评必须注意态度,诚恳而友好的态度就像一剂润滑剂,往往能使摩擦减少,从而使批评达到预期效果。

用含蓄的批评来激励对方

18 世纪英国著名评论家约瑟·亚迪森曾说:"真正懂得批评的人看重的是'正',而不是'误'。"这里所说的"正",实际上就是隐恶扬善,从正面来加以鼓励,也就是一种含蓄的批评,能使批评对象不自觉地改正自己的错误和缺点。可以说从正面鼓励对方改正缺点、错误的间接批评方法,比直接批评效果会更快、更好。因为这种批评方法易于被对方所接受,从而产生良好的效果。

常言道,忠言逆耳,良药苦口。对于被批评者而言,即使你的批评再中肯,也会使其自尊心大大受挫,往往导致被批评者反感甚至无名火起。因此,在批评他人时,首先应该态度温和,尽量在不伤害对方自尊心的前提下做出适当的批评。否则,只会让对方难以接受,得不偿失。

有一个外地小伙子初次到北京,手里拿着地图就上了公共汽车,问售票员某地怎么走。售票员说:"坐反了!手里拿着地图还坐错车,真是的!"小伙子脾气很好,没有搭话,想着到下一站下车再换车。

可坐在小伙子旁边的一位大爷看不过去了,便对小伙子说:"你到下一站换乘某某路车也可以到达。"这句话真地道,一方面挽回了北京人的面子,另一方面又安慰了小伙子。话说到这也算是有了个完美结局,可是偏偏这位大爷又加了一句:"现在的年轻人啊,真是越来越不像话了。"听到大爷这么一说,坐在前面的一位染着金黄色头发的姑娘却不乐意了,于是接着说道:"大爷,您别打击一大片啊!"说完又在后面加了一句:"这么大岁数的人了,满肚子坏水,真是的!"话是不怎么招人喜欢,如果没人再站出来说话,事情也就到此结束。

可爱打抱不平的人很多,恰巧边上一位中年妇女就是,这不,说话了:"哎,年轻人不应该这样对老人说话,多不文明啊,应该尊重老人嘛!"这话说得多在理啊,让人听着也舒心,可是这位大姐觉得不过瘾,后面又接着说了一句:"看你这样,头发染得黄黄的,跟鸡似的,估计你爸妈也管不了。"这下车上可热闹了。

那个外地小伙子觉得很不好意思,一切都是自己引起的,自己得出来说几句:"大家都别吵了,都是我的错。"这么一说大伙都安静了,可是小伙子叹了一口气又补了一句:"早知道北京人都这样没意思,打死我也不来了。"小伙子话音刚落,车上的北京人开始一致对外,说小伙子的不是。

说批评话要注意分寸,如果有必要指责其态度时,只要针对他的恶劣态度加以批评,那就能收到比较好的效果。如果为了自己心里过瘾,再多加上一句"多余"的话,那么就会引起别人极大的反感,当然了,这么一来,口舌之争是免不了的,拳脚相加也是不无可能的事。为此,我们在批评他人时,一定要悠着点,特别是以下几点一定要注意:

无凭无据,捕风捉影

批评的前提是事实清楚,责任分明,有理有据。但是,在现实中常常见到有的领导批评他人时,事先不调查,不了解,只凭一些道听途说,或者只凭某个人打的"小报告",就信以为真,就去胡乱批评人,结果给人留下"蓄意整人"的坏印象。

大发雷霆,恶语伤人

人人都有自尊心,即使犯了错误的人也是如此。批评时要顾及人的自尊心,切不可随便加以伤害。因此,批评人时应当心平气和,春风化雨。不要横眉怒目,以为这样才能显示批评者的威风。实际上,这样做最容易伤害对方的自尊心,导致矛盾的激化。因此,批评人应力戒发怒。当你怒火正盛时,最好先别批评人,待心情平静下来后再去批评。

切忌讽刺、挖苦,恶语伤人。下级虽有过错,但在人格上与上级完全平等,不能随意贬低甚至污辱对方。

喋喋不休,没完没了

批评并不是让你说个没完没了,也不是说得多才能达到纠正他人错误的目的,很多时候说得多反而抓不住问题的实质,也不易让人接受。相反,能够一针见血地指出错误实质便可让人心悦诚服。

批评的目的只是为了让对方明白错误并加以改正,并不是让我们把错误延伸。

说话要灵活,批评和训诫当然也要灵活,适度的批评能达到批评的最好效果。批评也要看对方的性情如何,因人、因事、因时而异,选择不同的批评方式。

沟通的上策

每一个人都有其言默之道,了解对方的言默原则,才能够有效地适应,以期互相配合,顺畅沟通。

一般来说,中国人都不随便开口,是一种谨言慎行的修养。但是,对于值得信任的人,关于大家公共的利益,我们也会抱着"虽然冒险,也责无旁贷"的决心,打破沉默而有所建言。我们的态度,既不是"说",也不是"不说"。而是把说与不说合在一起想,也就是我们常说的"说不说不成问题","怎么说才要紧"。因此"说与不说",形成个人的一套言默之道。依据对方的言默之道来进行沟通,应该有助于沟而能通。

一般人的错觉是:必须多说、多问才能有效沟通,自以为了解对方,或者以为对方不说话便是默认。其实,关怀对方,让他言默自如,丝毫不觉得有压力,反而容易获得更多的讯息。彼此互相尊重,双方言默自在,才是上策。

中国人是"关怀导向"的民族,不方便一开口就谈工作,用关心他来尊重他,顺着他的言默之道来沟通,最为有效。违反对方的言默之道,往往言多必失,必须慎防。

上司要以无私的爱,只知施与,不求回报,绝不心存偏见或成见,尤其不可明显地有所爱憎的表示,部属才会放心地说出他们的心声。

对方不说话,并不表示没有意见,或者赞成我们的想法。不说话很可能包含很多不明白表示出来的意思,诸如不敢说、不愿意说、一时不知道怎样说才好、暂时不想表示,需要多一些时间考虑等。必须用心判断,以免产生误解。对方不说话,我们也不必一直说。双方都保持沉默,自然有突破的时机。若是真的没有,不妨下次再说。

沟通的时候,除了语言文字之外,还加上某些身体语言,才能够构成完整的讯息。常见的身体语言:

不说话的时候,称为默。默,也是一种沟通。沉默不语的时候,身体语言正在进行非语言沟通。孔子说:"没有察看别人的脸色就说话,好像瞎子一样。"便是提醒我们,要多多留意对方的身体语言,因为"行动比嘴巴说的声音更大",可惜我们时常忽略掉了。

身体语言不如语言文字那样具体而容易明了,况且每一个人的姿态、动作、表情都不太相同,所以不要一味主观地给予判断,却应该多看几次,细心去体会,再衡量自己的观感是否正确,以免误会,反而增加沟通的障碍。

同时,不可以由于过分重视对方的身体语言,而不注意他所发出的讯息,因为语言文字毕竟比较容易接受,不像身体语言那样似懂非懂,很难精确捕捉。

听错话是一回事,会错意又是另外一回事。前者常常是耳朵听错了,尤其是对方的乡音太重,说话速度太快,或者咬字发音不清楚,甚至于匆促之中说错了。自己的主观意识太强,老是依自己的意思来听出有利于己的话语。后者则由于身体语言的判断错误,产生不一样的体会,因而听是听对了,却会错了意,也等于没有听对。沟通时眼睛看着对方,一方面表示尊重,一方面也是注意他的姿态、表情,配合着耳朵所听到的,来体会真正的用意。

人的全身,都有办法伪装。只有眼睛的表情,通常十分诚实。看对方的眼睛,应该能够明白他的真实想法。但是不可以一直盯着对方的眼睛不放,同时也要以真诚的眼光,来引发对方的真诚。务求彼此都开诚布公,由浅而深,一步一步互相了解,以期沟而能通。

把话说到点子上

谈话是否受人欢迎,在于是否抓住关键,是否说到点子上,是否能打动听众。对于那些空话套话,人们很反感,甚至觉得听这种谈话是在浪费生命。在初次交往中,如果一味地啰唆,就会使人反感,这样就削弱了你在他人心目中的地位。英国人波普说:"话犹如树叶,在树叶太茂盛的地方,很难见到智慧的果实。"

言不在多,达意则灵。讲话简练有力,能使人兴味不减;冗词赘语,唠叨啰唆不得要领,必令人生厌。

在林肯当总统前,有人问他有多少财产。当时在场的人期待的答案多数是多少万美元、多少亩田地。然而林肯却掰着手指这样回答:"我有一位妻子、一个儿子,都是无价之宝。此外,也租了一个办公室,室内有一张桌子、三把椅子,墙角还有一个大书架,架上的书值得每人一读。我本人又高又瘦,脸蛋很长,不会发福。我实在没有什么可依靠的,唯一可靠的财产就是——你们!"

林肯当律师的时候,一次他作为被告的辩护律师出庭。原告的律师把一个简单的论据翻来覆去地讲了两个多小时,好容易才轮到林肯上台做辩护。林肯走上讲台,却一言不发。他先把外衣脱下放在桌上,然后拿起水杯喝了口水,接着又重新穿上外衣,然后又喝水。如此动作一连重复了五六次,法庭上的人当时会心地笑开了,笑得前仰后合。

南北战争爆发时,各报向林肯提出了各种各样莫名其妙的建议。林肯耐着性子听完了一位纽约记者提出的冗长作战方案之后,说:"听了你的建议,我不禁想起了一个小故事。几年前,有个人在堪萨斯骑马旅行,因为人烟稀少,无路可行,他迷失了方向,更糟糕的是随着夜幕降临,下起了可怕的雷暴。隆隆雷声,震撼大地;道道闪电,瞬息之间照亮地面。这个失魂落魄的人,最后下了马,借着时有时无的闪电亮光,开始步履维艰地牵马行走。突然,一声惊人的霹雳骇得他双膝跪地,他呼喊道:'上帝,既然你什么都能做到,就多赐给我一点亮光,少来点刺耳的声音吧!'"

可见,用最少的字句包含尽量多的内容,是讲话的最基本要求。
马克·吐温讲过这样一个故事:

有个礼拜天,他到礼拜堂去,适逢一位传教士在那里用令人哀怜的语言讲述非洲传教士苦难的生活。当他说了 5 分钟后,马克·吐温马上决定对这件有意义的事情捐助 50 元;当他接着讲了 10 分钟后,马克·吐温就决定把捐助的数目减至 25 元;当他继续滔滔不绝地讲了半小时后,马克·吐温又决定减到 5 元;最后,当他讲了 1 个小时,拿起钵子向听众请求捐助并从马克·吐温面前走过的时候,马克·吐温却反而从钵子里偷走了 2 元钱。

通过幽默的故事我们可以看出,讲话还是短一点、实在一点好,长篇大论、泛泛而谈容易引起听众的反感,效果反而不好。

有句俗语说得好,"蛤蟆从晚叫到天亮,不会引人注意;公鸡只啼一声,人们就起身干活"。的确,会说话的人,不一定是说话最多的人,话贵在精,多说无益。而现实中,说话啰唆的人往往觉得自己所说的含义丰富,他们认识不到自己的弱点。

有两个多年未见面的老朋友相聚,他们彼此都对此盼望了很久。结果其中一个带了他热情开朗的新婚妻子一起来。那位妻子从一开始就独占了整个谈话,滔滔不绝,一个接一个地说着一些自己觉得很好笑、很有趣味的事情。出于礼貌,两个男人沉默地听着,偶尔尴尬地彼此对看一眼:当他们分手的时候,那位妻子站在门口的台阶上挥舞着手套,兴高采烈地说:

"再见!"她觉得度过了一个很有意义的夜晚,认识了丈夫的朋友,还进行了一次快乐的谈话。而两个男人却对老朋友分别多年后的情况仍旧一无所知,心里诅咒着这个开朗得过分的女人,即使她的丈夫也是如此。

对于说话啰嗦的人,心理学专家们为他们罗列出七个典型的特征:

1. 打断他人的谈话或抢接别人的话头,希望整个谈话以"我"为重点;

2. 由于自己注意力分散,一再要求别人重复说过的话题,或自己不记得已经说过的,一再重复;

3. 像倾泻炮弹一样连续表达自己的意见,使人觉得过分热心,以致难以应付;

4. 随便解释某种现象,轻率地下断语,借以表现自己是内行,然后滔滔不绝;

5. 说话不合逻辑,令人难以领会意图,并轻易地从一个话题跳到另一个话题,有时自己也莫名其妙;

6. 不当地强调某些与主题风马牛不相及的东西,东拉西扯;

7. 觉得自己说的比别人说的要来得更有趣。

滔滔不绝,出口成章,是一种"水平",而善于概括,辞约旨丰,一语中的,同样是一种"水平",而且更为难得。

"是非只为多开口",话说得多,出毛病的机会也就多。大智若愚,聪明的人大都不随便说话,唯有胸无点墨的人才喜欢大吹大擂。"宁可把嘴闭起来使人怀疑你浅薄,也胜于一开口就使人证实你的浅薄。"这是一句值得每个人牢记的名言。

沟通前分清楚场合

　　说话要讲究一定的艺术，除了要看对象、因人而异之外，还要注意场合，在不同的场合，说不同的话。要知道，这个场合能说的话在另一个场合就不一定可以说，昨天能说的话今天就不一定能说，对年轻同志说的话对老同志就不一定能说，对男同志说的话对女同志就不一定能说，对领导说的话对一般同志就不一定能说等等。在人际交往中，说什么，怎么说，一定要顾及场合、环境，才有利于沟通。

　　场合可以分为正式场合与非正式场合。正式场合指公共活动的场所，如课堂、会场、办公室等，这种场合说话应严肃认真，不能随便瞎扯。非正式场合指日常交往的地方和娱乐场所，如家庭、商店、街头、饭店、电影院、舞厅等。这种场合说话可以随便一些，像聊家常一样通俗、幽默、风趣。

　　场合还可以分为喜庆场合与悲伤场合。喜庆场合一般指婚宴、节日、联欢会等。这种场合说话应轻松、明快、诙谐、幽默，有助于欢乐气氛的增加，千万不要说让人不高兴的话。

　　1926年，在新月派诗人徐志摩跟他苦苦相恋三年之久的情人陆小曼结婚时，梁启超为证婚人。因徐志摩和陆小曼的结合是婚外恋的结果，所以梁启超有看法。于是，在婚礼祝词时，就对他们说了这样一番话。

　　他在致辞中说："徐志摩先生这个人性情浮躁，所以学问上难有成就。其次，用情不专，以致离婚再娶……从今以后，要痛改前非，重新做人！你们俩都是离婚而又再婚的人，要痛自悔悟！祝你们今天是最后一次结婚！"

　　听了这段祝词，徐志摩和陆小曼脸上红一阵白一阵，宾客们也面面相觑，不明白这梁公怎么在人家的婚礼上说出这么一段话来。

为什么大名鼎鼎的梁启超的婚礼祝词会带来这种结果呢？原因很简单，就是他在祝词时没有注意区分场合。梁公作为学者名流，徐志摩的前辈，平时劝诫徐志摩几句是理所当然的，可是，在人家的大喜之日，当着那么多人的面，说出这种训诫的话来，未免不近人情。

说话时，要注意具体的场合、不同的对象、特定的气氛，不能无所顾忌。如果不假思索，信口开河，就有可能中伤他人，引起不必要的误解。

老王和老张平时爱逗闷子，几天不见，一见面一个就说："你还没有'死'呀？"对方也不计较，回一句："我等着给你送花圈呢！"两个人哈哈一笑了事。

后来老王因病住进了医院，老张去医院看望，一见面想逗逗他，又说："你还没有死呀？"这一次，老王变了脸，生气地说："滚，你滚！"把他赶了出去。

这老张也真是，人家正在病中，心理压力很大。你在病房里对着忧心忡忡的病人说死，显然是没考虑场合，人家怎能不反感、恼火？其实，老张本来也是好意，想给对方开开心，只可惜他缺乏场合意识，不该在这种场合开玩笑，才闹出了不愉快。

说话一定要注意场合。不看场合，随心所欲，信口开河，想到什么说什么，这是"不会说话"的一种拙劣表现。会说话的人，应该在不同的场合，说不同的话，用不同的方式说话，这样才能收到理想的言谈效果。

承诺的力量

承诺是天空最闪耀的星星,承诺是人间最美丽的花朵。一句承诺,抵得上千军万马,一句承诺,胜似无数的甜蜜诉说!

在日常生活中,我们常常需要别人一句简单的承诺,而不是无尽的废话和应付。

一个周末的上午,小燕和男友去一家大型商场的家电区购买空调。营业员热情地说:"你们好,要买空调吗?请随便看看!"

"我们想着看 XX 牌空调!"

"在这边,请问你们要装在多大的房间里?"

"大约 22 平方米吧。"

"我建议你们买这一款的空调,它的性价比很高……你们用比较合适。"

小燕听了营业员的介绍后,感觉很满意,于是问营业员:"天气比较热,你们今天下午能给我们安装好吗?"

"最近天气热,买空调的人很多,我也不敢确定具体的安装时间。这样吧,你们先付款,我们一定尽快送货安装!"营业员不停地劝说小燕赶紧付款,可是小燕和男友平时都要上班,在家的时间不多,所以希望在周末就安装好,省得麻烦。于是,小燕坚定地对营业员说:"我们看中了这台空调,付款绝对没有问题,可是你能不能给我一个准确的安装时间,'很快'根本代表不了什么。如果你给我一个确定的安装时间,我马上就会付款,否则,我只好去别的商场了!"该商场的确是因为订单多,安装暂时排不过来,所以营业员都是极力劝说顾客先付款,并含糊地保证尽快上门安装,实际上有的空调的安装会延到几天以后。这个营业员看到小燕这么坚持，没有办法，只能跟安装部商量。在得到晚上给自己安装空调的承诺后，小燕才到收银台付了款。晚上，小燕和男友终于享受到了空调带来的清爽！

很多商场在推荐产品的时候总是挑好话说，说了一大堆却没给顾客什么实际的让利。其实，顾客要的不过是一个保证而已。所以，尽管专卖店的东西价格比较贵，但是大家仍然喜欢前去购买，一个重要的原因就是品质和服务等都有相对较高的保障。商家跟客户之间的沟通，承诺很重要。一句承诺千斤重，每颗躁动急切的心得到承诺后，都会变得踏实起来！

小明是一位音乐爱好者，平时酷爱唱歌。他的一位朋友得知他的爱好后，便给他介绍了一家唱片公司。唱片公司的考核很严格，他们在听了小明的声音之后，对小明说："你的音色很棒，现在流行歌手中有这种音色的很少。不过，你好像没有受过专门的声乐培训。如果在半年时间内你能找一个好老师训练自己，并通过考核，我们才可以考虑进一步的合作！"

接下来，小明到处打听好的通俗声乐老师。可是，很多老师都让小明觉得华而不实：他们夸夸其谈了半天，却不针对小明的声音进行具体分析，也不向小明做出任何保证，而且还先让小明交一大笔钱，这让小明既恼火又着急。

一个月很快过去了，小明一直没有找到满意的老师。眼看离考核的时间越来越近，小明非常焦急。就在这时，他想起自己认识一个在酒吧唱歌的朋友，于是，便向他寻求帮助。那个朋友认识很多搞音乐的人，很快就给小明推荐了一个老师。

那个老师跟小明一见面，便让小明清唱一段，然后针对小明的声音特点细致地进行了分析。见小明心服口服后，那个老师接着向小明讲述了自己的教学理念和效果，并向小明保证：只要每天坚持练习，四个月就可以取得明显进步。

小明的担忧马上消除了，他开始认真地跟着老师学习，歌唱得也越来越好！

小明需要的是一个很好的老师，这个老师不仅要有能力，还要给学生一些明确的承诺，这样才能让学生认可自己，并踏踏实实、心无旁骛地学习。小明之前接触的老师或许有的能力也很强，但是他们在小明焦急的时候没有给予一定的承诺，也就错失了一个教授的机会。

每个人都喜欢实实在在的东西，承诺就是其中的一个。在沟通中，实事求是地给予对方承诺，彼此之间的交往也会顺利展开。

沟通强调的是双方的互相理解和信任，诚实的态度会让彼此都觉得舒适，在这种氛围的感染下，沟通中遇到的"阴霾"也都会一扫而过。在日常生活中，我们常常需要别人一句简单的承诺，而不是无尽的废话和应付。

交浅不言深

交浅不言深,是自古以来,便历代相传的沟通禁忌之一。由于交浅不能言深,所以我们常常说一些流利话、义气话、高远话、浅近话、质直话。

沟通时,中国人很喜欢估量彼此的交情,来衡量自己的谈话方式,以免触犯"交浅不言深"的禁忌。

交情不够深厚,说流利话,对方认为华而不实,虚而无用;说义气话,对方认为气焰万丈,目空一切;说高远话,对方认为荒诞不经,不近人情;说浅近话,对方又认为陋俗不堪,毫无学问;说质直话,对方也认为分析不精,观察不明。这些心理反应,究其原因,无非交情不深。说来说去,几乎都是多余的。

交情不是短时间可以改变的,说一些亲切的流利话,多数人较易接受;直来直往的义气话尽量少说,以免对方恼羞成怒;引经据典的高远话,易落入空谈;家常琐事的浅近话,颇为俗气;简单扼要的质直话,朴而不文,可时常应用。

交情够的人,通常说话比较方便。因为对方不容易产生怀疑,即使说错了,对方也认为这是无心的,比较容易谅解。再严重的事情,一句"开玩笑的",也就不再追究。可是交情不够的时候,恐怕就没有这么简单。对方警觉性很高,一句话听不进去,就会引起"这位仁兄是来干什么的"感觉,愈看愈不对劲,愈听愈不是味道。明明没有什么大不了的事情,也可能引起一场严重的误会。最好自己衡量彼此的交情,适可而止,千万不可造次。

中国人见面三分情,但是仅凭这三分是不够的。所以我们喜欢在沟通之前,多方打听,有什么人情关系可以当成助力? 有哪些相关事宜,可以提供协助? 然后才见机行事,适当加以运用,使得原来只有三分情的,增加了好几分,彼此好说话。

中国人深谙"先说先死"的道理,所以日常生活中多半尽量设法让对方先行开口,以策安全,常用的方法。

分析起来,不外乎下述几个要点:

1.尊重对方,让他先说。

2.向他请教高见。

3.见面不说正经事,一直说些无关紧要的事情。对方心急,便会自己先说出来。

4.问一些不相关的事,如"吃过饭了吗?""近来怎样?""府上哪里?""在这家公司很久了吗?"诱导对方先行开口。

5.倒茶、请坐、忙来忙去,让他忍不住先说。

6.开一个头,不触及要点,引起对方的兴趣,他自然滔滔不绝地先说。

我们一直认为中国人不喜欢开口,完全不怀好意,其实也未必尽然,有时候为了表示尊重,会礼让对方先说。通常对方嘴巴一动,我们就会自动停止,用不着像现在这样,争着要先说,甚至不客气地说:"请让我说完。"彼此火气十足,还谈什么沟而能通?

对方不开口,最好的办法,是找合适的问题向他请教。他受到尊重,兴趣一来,自然会开口。问一些无关紧要的话,让对方开口,再引到相关课题,他大多会顺着说下去。话匣子一打开,沟通就方便多了。

我们说得越多,对方自然越少说话。这样一来,对方很容易了解我们,而我们却苦于无法明白对方的心意,站在知己知彼的立场,吃亏的当然是我们。不如反过来让对方说话,我们才能够充分知己知彼,掌握全盘动态,很有助益。

听话要听音

语气和情绪是一个人内心情感的外在表现。细心体察、认真感受，就会发现其中蕴藏的秘密……

语气和情绪是承载言语的基础。同样一句话，笑着说出来或咬牙切齿地说出来，表达的意思是完全不一样的。要用眼睛去看，用心去想，认真分析，才能发现对方的真实意图和真实想法。

一次，管仲审核国家预算支出的情况，发现招待宾客的费用居然高达总支出的三分之二，其他部门能用的经费只有三分之一，难怪会捉襟见肘，效率不高。他认为招待费用浪费太大，此风断不可长。

于是，管仲立刻去找桓公，当着众臣的面说："大王必须要裁减招待费用，不可如此奢侈……"

话未说完，桓公龙颜大怒。他怒气冲冲地说道："款待宾客确实稍显隆重，但那是使客人有宾至如归的感觉，他们回国后才会大力地替我国宣传。如果怠慢他们，回国后就会大肆贬低我们。

粮食能够生产出来，物品也能够制造出来，这方面又何必要节省呢？要知道，君主最重视的是声誉啊！"

管仲从桓公的脸色和语气中察觉到，此时桓公心情不佳，不会接受劝谏。

说话语气能明显地体现出说话者的态度和心理，管仲对齐桓公的语气作出了准确的判断，于是转变了策略，从而避免了因言获罪。

认真感受别人的语气和情绪，很容易分析出对方内心的想法，对沟通有很大的帮助!

刘老师是希望中学二年级(1)班的班主任。他的班级里有一个叫小东的同学,让各位老师很头痛。刘老师决心把他"改造"成一个优秀的学生。

想让小东改变就一定要先了解他,于是刘老师常常主动关照小东:生活上嘘寒问暖,学习中主动、热情地提问,还找他谈心,了解他内心的想法。

一天下午,小东身体不舒服,没有上体育课,刘老师便主动陪他谈心。

小东能感受到刘老师对自己的真诚关怀,因此和盘托出了自己的家庭情况:父母对爷爷很不孝顺,所以爷爷常常摆地摊赚点小钱。父母之间感情不好,父亲喜欢打麻将,母亲则好吃懒做,父母经常吵架,他常常没有饭吃。

父母对他不管不问,很小就放任自流,家长会从来不去,衣服也不给他洗,小东一般只愿意跟爷爷待在一起。三年前,爷爷的身体越来越糟,地摊自然是不能摆了,而父母却不在乎老人的身体,老人的营养跟不上,小东常常把自己的早餐省下给爷爷吃。

爷爷的身体状况让小东无心学习,他开始学会了逃课,并学着爷爷摆地摊,挣了钱就用来照顾爷爷。升入高中后,小东必须住校,可是他放不下爷爷,跟父母的矛盾也越来越大。

父母这时意识到了学习的重要性,让小东一定要考上大学,将来好依靠他;而小东觉得他们很自私,便不理睬他们。去年,爷爷去世了,小东觉得自己的世界塌了。从此以后,小东觉得一切都无所谓了,他变成了老师眼中"最头痛的人"。

听着小东的诉说,刘老师能明显感受到他对爷爷的爱和对父母的恨,这个孩子原本有一颗善良的心,却被不称职的父母深深伤害了。明白了问题的症结所在,刘老师相信自己一定能用真诚把小东的"善良和积极"重新唤回。

　　刘老师在和小东谈心的时候认真观察,注意分析他的语气和情绪,把握了他的心理,真实、客观地了解了小东的状况。

　　在和人交往时,认真倾听,把握对方的语气和情绪,才能更深入地理解对方的思想感情,从而让沟通变得更顺畅!

　　了解别人才能更好地沟通,练就一双火眼金晴,便能在举手投足间洞察对方的内心! 与人交往,观察很重要。认真观察,准确分析,才能更了解你的谈话对象。得心应手地使用幽默口才与他人交流,它会帮助你一步一步走向你所期待的成功。

第五章
幽默是沟通的润滑剂

　　幽默的谈吐是一首美妙动人的歌,是谈话智慧的表现。缺少幽默的谈话,就像没有作料的菜。与人沟通时,谁也不会和一个毫无幽默感的人长时间交谈。学习一点幽默感,将快速拉近你与别人之间的距离。在一般人的心目中,谈判是很庄重与严肃的。其实,谈判运用幽默,可以缓和紧张形势,促成友好和谐的气氛,无形中缩短了双方的心理距离,减弱了对立感。适度的幽默对树立良好的气氛有很大好处。让人们放松精神,进一步密切双方关系,营造出友好、轻松、诚挚的合作氛围。

调侃的艺术

调侃能够缓解人的紧张情绪，放松人的神经，让人在不知不觉间感受到放松和快乐……

日常沟通不能太死板，适当调侃一下，会让气氛变得轻松、自由！伟大的作家马克·吐温就善于调侃。

一位商界阔佬对马克·吐温说："我想借助您的神来之笔，给公司做个广告。"马克·吐温说："当然可以！"第二天，在马克·吐温主办的报纸上登出了如下文字："一只母苍蝇有两个儿子，她把这两个儿子视若掌上明珠，爱护备至。一天，母子三个飞到 xx 商业公司的商店里。一只小苍蝇去品尝包装精美的糖果，忽然双翅颤抖滚落下来，一命呜呼！另一只小苍蝇去吃香汤，不料也一头栽倒，顷刻毙命。母苍蝇痛不欲生，扑到一张苍蝇纸上意欲自杀，尽管大吃大嚼，结果却安然无恙！"阔佬看完广告，气得直翻白眼。

马克·吐温用调侃的方式无情嘲弄了这位贪婪的富商。

马克·吐温成名不久，有一位记者采访他，请他谈谈自己第一次挣钱的经历。马克·吐温想了想，然后说："我记得很清楚，那是我在小学读书的时候。那时，小学生们都不尊重老师，而且不爱惜学校的财产，经常弄坏桌椅。于是我们学校就订出一条规则，哪个学生弄坏了桌椅，他或者在全校学生面前接受挨打的处分，或者罚款五元。一天，我弄坏了我的书桌，只好对父亲说，我犯了校规，要么罚五元，要么在全校学生面前挨打。父亲说当着全校学生的面挨打真是太丢脸了，他答应给我五元钱，让我交给学校。但是在给我这五元钱之前，他把我带到楼上，狠狠地揍了我一顿。后来，我决定当着全校学生的面再挨一顿打，以便把那五块钱保存下来。我真的这样做了，那就是我第一次挣钱。"

马克·吐温的调侃使严肃的采访变得轻松有趣，也使人们一下子记住了这位幽默的作家。

生活中，马克·吐温也时常借助调侃来调节气氛。

马克·吐温到一个小城市演讲，他决定在演讲之前先理理发。"你喜欢我们这个城市吗？"理发师问他。"啊！喜欢，这是一个很好的地方。"马克·吐温说。"你来得很巧，"理发师继续说，"马克·吐温今天晚上要发表演讲，我想您一定得去听听。""是的。"马克·吐温说。"您弄到票了吗？""还没有。""这可太遗憾了！"理发师耸了耸肩膀，两手一摊，惋惜地说，"您只好从头到尾站着了，因为那里不会有空座位。""对！"马克·吐温说，"和马克·吐温在一起可真糟糕，他一演讲我就只能站着。"

某一个"愚人节"，有人为了戏弄马克·吐温，在报纸上刊登声明说他死了。马克·吐温的亲戚朋友从全国各地纷纷赶来吊丧。当他们来到马克·吐温家的时候，只见马克·吐温正坐在桌前写作。亲戚朋友们先是一惊，接着都齐声谴责那家造谣的报纸。马克·吐温毫无怒色，幽默地说："报道我死是千真万确的，不过他们把日期提前了一些。"

面对困扰和不快，马克·吐温也是调侃一下，一笑而过。

马克·吐温曾在《呼声报》工作过。一天，主编对他说："以后你不必在这里工作了。"马克·吐温问道："你们为什么不用我了呢？""因为你太懒，而且一点也不中用。""嘀，你也不比我聪明，"马克·吐温笑着说，"你要用6个月的时间才知道我太懒而且不中用，可是我在来工作的那一天便知道了。"

有一次，马克·吐温乘火车去一所大学讲课。因为时间紧张，他十分着急，但火车却开得很慢。当列车员过来检票时，马克·吐温递给他一张儿童票。检票员仔细地打量他之后说："真有意思，我看不出您还是一个孩子哩！"马克·吐温回答："现在我已经不是孩子了，不过，我买车票的时候还是孩子。"

有一回，马克·吐温向邻居借阅一本书，邻居说："我可以借给你，但我定了一条规则：从我的图书室借去的图书必须当场阅读。"马克·吐温只得悻悻而回。一星期后,这位邻居向马克·吐温借用割草机,马克·吐温笑着说:"当然可以,毫无问题。不过,我也定了一条规则:从我家里借去的割草机只能在我的草地上使用。"

马克·吐温高超的幽默、机智赢得了大家的欣赏,成为美国最知名的人士之一。海伦·凯勒曾言:"我喜欢马克·吐温——谁会不喜欢他呢?即使是上帝,亦会钟爱他,赋予其智慧,并于其心灵里绘画出一道爱与信仰的彩虹。"他运用调侃的艺术,探索着生命的真谛,成就了不朽的传奇。

我们都应该向马克·吐温学习,多多运用调侃的艺术,使自己在交往中更加灵活!

死亡、失业、疾病……这些都是令人烦恼的事,但心胸开阔的人却能以微笑对之。俄国作家契诃夫说:"愉快的笑声,是精神健康的可靠标志。"让我们记住古人的话:"应世法,微微一笑。"用微笑和幽默来面对人生和生活中的各种烦恼。

沟通的最高境界是幽默

幽默是一种智慧的表达，它既彰显了说者的聪明才智，又让听者开心愉快。它是交谈的最高境界，是最有效的沟通手段。掌握了幽默，也就掌握了一门伟大的艺术！

词典里将幽默定义为"幽默感、诙谐"和"引起愉悦、大笑的东西"，幽默是能给人带来快感的一种表达方式，英美等国家将幽默感作为衡量一个人是否有良好修养的表现。如果一个受过良好教育的人被说成"没有幽默感"，那无异于说他"三等残疾""文盲"，甚至"无知"。难怪有人认为："对一个男人而言，他宁愿承认自己犯了叛国罪、谋杀罪、纵火罪、装了假牙或者戴了假发等，他也不愿意承认自己缺乏幽默感。"由此可见人们对幽默的看重。以下这个故事也说明了这一点。

在某个异国餐厅，几位食客对一杯啤酒中的苍蝇作出了不同的反应：英国人以一贯的绅士风度吩咐侍者："请帮我换一杯啤酒！"日本人则叫来了餐厅经理，并训斥他说："你们这样还能做生意吗？我下次一定不会来了。"中国人则默默地把意见写进餐厅的意见簿。沙特阿拉伯人把侍者叫来，然后把啤酒递给他说："我请你喝下这杯酒。"美国人看着眼前的情景，对侍者微笑着说："我建议你们以后把啤酒和苍蝇分开放，让喜欢苍蝇的客人自己混合，你觉得这个建议怎么样？"

幽默不仅能给自己和他人带来欢笑，还能巧妙化解尴尬。幽默是交际场合的润滑剂，不但能给别人一个台阶，而且会彰显自己的大度。

有一天,萧伯纳在街上行走的时候,突然被一个骑自行车的冒失鬼撞倒在地,他爬了起来,看到自己并没有受伤,只是衣服被刮破了一点。骑车的人看到这个情形也松了一口气,但还是急忙道歉。萧伯纳充满惋惜地说:"先生,你的运气不佳,如果你这次不小心把我撞死了,那么你就可以名扬四海了!"

还有一次,萧伯纳因脊椎病去医院检查。医生说:"我想到了一个办法可以根治你的脊椎病,可以从你身上其他部位取下一块骨头来代替那块坏了的脊椎骨,这样就不用那么麻烦地吃药了。只需要一个手术而已,但是这个手术对我们而言是一个巨大的挑战,因为这种手术我们从来没有尝试过,所以相对而言有些难度,而且手术的过程中你也要承受巨大的痛苦。因为这个手术史无前例,所以在收费上我们也要高点,不会等同于一般的手术。"

萧伯纳听了医生的介绍后,淡淡地一笑说:"好呀!不过请告诉我,你们打算付给我多少手术试验费?"

一个很棘手的问题被萧伯纳的一句话极其巧妙地处理了,避免了不愉快的争执。这就是幽默所带来的效果!

人与人交往最重要的目的无非是想让别人接受自己。如果不能够给别人惊喜或者意外,那么想让别人记住自己恐怕很难。而幽默是打开别人心房的一把钥匙,也是交际场合的一种常用手法,懂得幽默的人必然会受到别人的欢迎。所以,让我们成功地驾驭幽默,达到交谈的最高境界。

幽默与智慧同行,交际场合中具有幽默感的人会让人感觉聪明灵活,会给人留下深刻的印象。现实生活中,懂得运用幽默的人往往会更有魅力,同时也能让复杂棘手的事情迎刃而解。

四两拨千斤的幽默

风趣幽默的说话是一种特色，往往会产生"四两拨千斤"，一言九鼎的威力。

一般的生活用语大都简短有力。比如在日常交流中，经过很长时间的沉默后，以一两句画龙点睛的话去作总结，就会产生令人难以抗拒的幽默效果。在一次电视节目中，主持人向一位女作家问了这样一个问题："一个女人要婚姻持久，你认为什么是最重要的？"

"一个耐久的丈夫。"女作家随口答道。

那位主持人提出的问题不是一两句话就能说清楚的，但女作家又不能不回答，为了避免过多的纠缠，女作家一句"一个耐久的丈夫"，既幽默、简洁又发人深省，可谓"一语惊人"。

其实，生活是个很大的舞台，在这个大舞台的很多场景里我们都能看到各种各样的人演出一幕幕"一语惊人"的剧目，女作家可以成为主角，小女孩也可以。

在有限的时间和空间内，哪怕是第一次见面，幽默都能让我们一展才华，左右逢源，令人耳目一新，印象深刻。

在萧伯纳访问苏联期间，一天早晨，他照例外出散步，一位极可爱的小姑娘迎面而来。萧伯纳叟颜童心，竟同她玩了许久。临别时，他把头一扬，对小姑娘说："别忘了回去告诉你妈妈，就说今天同你玩的可是世界上有名的萧伯纳！"萧伯纳暗想：当小姑娘知道自己偶然间竟会遇到一位世界大文豪时，一定会惊喜万分。

"您就是萧伯纳伯伯？"

"怎么,难道我不像吗?"

"可是您怎么会自己说自己了不起呢?请您回去后也告诉您的妈妈,就说今天同您玩的是一位苏联小姑娘!"

上面故事中,苏联小姑娘不但"一语惊人","惊"的还是一个伟大的人物。她聪明幽默地展示了人人平等、自信等值得赞扬的信念,而且一语惊醒了表现得有些骄傲的萧伯纳。

就像上面故事中的萧伯纳一样,一些做出了伟大成就的人往往有自大的毛病,他们说话、做事也往往以自己为中心,甚至把自己看成别人的骄傲。作为他们身边的人,你有责任委婉地提醒他们不要过于狂妄自大,这不但能够保护自己免受他们的伤害,而且这对他们自己也是很有好处的。

语言不是万能的,不过有时候一句话却能够在适当的场合发挥出千言万语都不能达到的作用,这也就是"以不变应万变"的思想在语言领域里的具体应用。

雅典的首席执政官听说哲学家保塞尼亚斯是一个能言善辩的人。这天,他派人把保塞尼亚斯找到贵族会议上来,对他说:"贵族会议的成员每个人都有一个问题要问你,你能不能用一句话来回答他们所有的问题?"

保塞尼亚斯不假思索地说:"那要看看都是些什么问题了。"

议员接连不断地提出了几十个不同的问题。当问题提完后,保塞尼亚斯还是不假思索地回答:"我全都不知道!"说完,他转身走出了贵族会议大厅。

上面这个幽默是属于善辩一类,善辩所表现出的常常是说话者的聪明智慧,敢于或者勇于表现自己。保塞尼亚斯就很好地表现出游刃有余、挥洒自如的驾驭语言的能力。

有一位植物学教授,他教的虽然是冷门课程,但只要是他上课,几乎堂堂爆满,甚至还有人宁愿站在走廊边旁听,这并不是因为这位教授的专业知识多吸引人，而是他的幽默风趣风靡了全校园，学生们都喜欢听他讲课。

　　一次，该教授带领一群学生深入山区做校外实习，沿途看到许多不知名的植物，学生好奇地一一发问，教授都详细地回答解说，一位女同学不禁停下了脚步，赞叹地说："老师，您的学问好渊博呀，什么植物都知道得那么清楚！"教授回头眨了眨眼，扮个鬼脸笑道："这就是我为什么故意走在你们前头的原因了，只要一看到不认识的植物，我就'先下脚为强'赶紧踩死它，以免露馅！"学生们听了哈哈大笑，可见，这次实习之旅是一趟充满了笑声的愉悦之旅。

　　当然，教授只是开个玩笑，幽默一下而已。但这也就是他广受学生欢迎的原因。

　　幽默不但可以保护自己，还可以将自己的个人魅力不断提升。幽默会给人们带来更多的关注。

　　"一语惊人"的幽默有"秤砣虽小压千斤"的力度和"片言明百句，坐役驰万里"的广度。由于"一语惊人"的幽默具有这一特点，我们在交谈中使用这一技巧时，就应该用最简洁、明了的语言表达出自己的意思，切忌拖泥带水。

开玩笑点到为止

说者无心,听者有意,"放肆"的言语就像漫天的雨点,很容易激怒别人。

玩笑是一种放松的方式,玩笑包含着智慧,在交际中开开玩笑能调节气氛、增进感情,但不要以为玩笑可以随便开,不知深浅地与别人开玩笑,就会造成"悲剧"。

小王在一家软件公司上班,工作三年后,终于跟女朋友喜结良缘。新婚不到半年,由于心情愉快,生活稳定,人渐渐胖起来,和婚前有了很大的差别。

有一天中午,公司里几个同事在一起聊天。一位新来的同事突然对小王说:"王哥,你怎么搞的,年龄不大就胖成这个样子,满脸横肉,像肥猪一样。"说着,还指着小王的肚子,发出"啧啧"的声音,大家听了笑了起来。

小王很是气恼,但又不便于发作。其实,这样的玩笑话如果从其他人嘴里说出来也没什么,但这个新同事刚来不久,属于晚辈,跟小王来往的又不多,这样说话小王自然难以接受。自此,小王就很讨厌这个新同事,工作中也不配合他。要命的是,新同事并没意识到自己犯的错误,后来又开其他人的玩笑,结果得罪了不少人,大家都不配合他、帮助他,他的工作进展得很不顺利,几个月后就被迫离职了。

跟初次会面的人或交往不多的人开玩笑一定要谨慎,不要犯了交浅言深的错误。另外,切记不要拿别人的忌讳来开玩笑。

沟通力——借问酒家何处有

大伟是一个积极向上的青年，他能力很强，个人素质又高，因此，在公司发展得很不错。但是，大伟有一个心病，就是自己的秃头，尽管这代表不了什么，但是大伟总是不希望别人关注自己的头部。

一次，大学同学聚会，大家难得聚到一起，每个人都谈了自己的发展状况，大伟最近喜得升迁，大家都对他表示祝贺。这时，一个爱说爱闹的女生拍着大伟的头，说道："你小子可真行，热闹的马路不长草，聪明的脑袋不长毛，你赚大发啦！"一句话引得大家哄堂大笑。大伟非常生气，气愤地反驳道："你的脑袋才不长毛呢。"就这样，本来热热闹闹的同学聚会，闹了个不欢而散。大伟伤了自尊，发誓以后再也不跟那个女生来往！

开玩笑还要注意对象。有的人本身敏感而多心，这样的人，玩笑就开不得。

所以，在交流中一定要注意收敛，避免玩笑开过了头。有时，宁可不开玩笑，也不要让别人不舒服。记住，**在沟通中，玩笑只是调剂品！**

开玩笑之前，先要考虑对方能否接受，不能想到什么随口就说。有的人听后不高兴不会马上发作，但是会记在心里，这对自己以后的交往必定不利！

巧用幽默婉拒他人

说话讲究策略,说"不"更要有策略,否则"拒绝"二字将给你的生活增添不少麻烦。

毕达哥拉斯说过:最短、最老的字——"好"或"不"——需要最慎重的考虑。

有一个乐师,被熟人邀请到某夜总会乐队工作。乐师嫌薪水低,打算立即拒绝。但想起以往受过对方照顾,不便断然拒绝,便心生一计,先说些笑话,然后一本正经地说:"如果能使夜总会生意兴隆,即使奉献生命,在下也在所不辞。"

此时夜总会老板自然还是一副笑脸,乐师抓住机会立刻板起面孔说:"你觉得什么地方好笑?我知道你笑我。你看扁我,不尊重我,这次协议不用再提,再见!"这样,乐师假装生气,转身便走,老板却不知该如何待他,虽生悔意,但为时已晚。

想想看,当你必须说"不"时,你有多少次说了"好"?你是不是怕拒绝伤害别人的感情所以很快地、本能地说了"好",等到事后又后悔自己的所作所为?你是不是个只会说"好"却又不能照顾自己,整天带着叹息与别人相处的人?

可见回绝也需要幽默。无论别人对你的要求是听从还是反对,你都有权力说"不",只有这样,你才能顾及自己的实际情况,同时以真诚的态度面对对方。索尔仁尼琴的小说《癌症楼》里有下面这样一段对话:

薇拉·科尔尼利耶夫娜宣布说："科斯托格洛托夫，从今天起您担任病房里的组长。"

科斯托格洛托夫态度非常友好地说："薇拉·科尔尼利耶夫娜！您是想让我在道义上蒙受不可弥补的损失。任何一个当官的都免不了要犯错误，而有时还会权迷心窍。因此，经过多年的反复思考，我发誓不再担任什么行政职务。"

"那就是说，您曾经担任过，对吗？而且，职务还挺高，是吧？"

"最高职务是副排长。不过实际职务还高些。我们的排长因为实在迟钝和无能被送去进修，进修出来之后至少得当个炮兵连长，但不再回到我们炮兵营。因为我是个挺棒的测绘兵，小伙子们也都听我的。这样，我虽然只有上士军衔，却担任了两年代理排长。"

"既然是这样，您何必推辞呢？如今这差使也会使您满意的。"

"这真是妙不可言的逻辑——会使我满意！而民主呢？您岂不是在践踏民主原则：病房的人又没选我，选举人连我的履历也不知道……顺便说说，您也不知道……"

富有幽默感的科斯托格洛托夫是一个懂得拒绝的人，他婉言谢绝了薇拉要他担任临时病房里的组长的建议。他首先摆出自己谢绝的理由，并让被拒绝者完全认同了这些理由。总之，好的婉言谢绝往往产生幽默的笑声。而当你带着幽默的态度去拒绝自己力不能及的事情的时候，很自然地就会产生委婉曲折富有说服力的幽默故事。

如果会话在轻松的气氛中进行，自然能够酝酿出快乐的氛围。虽然是同样的意思，如果说"这个我不喜欢"或是"那个我不喜欢"，感觉上则相去甚远。

俄国著名寓言作家克雷洛夫生活穷困，租了一间房子，房东要他在房契上写明，一旦失火，烧了房子，他就要赔偿15 000卢布。克雷洛夫看了看租约，不动声色地在15 000后面加了一个零。房东高兴坏了："什么，15万卢布！""是啊！反正一样是赔不起。"克雷洛夫说完大笑起来。

一个人要会说"好"，也要在该拒绝的时候会说"不"。不会说"不"，你就不是一个品格完整的人，你会变成一个不情愿的奴隶，你会成为别人的需要和欲望下的牺牲品。

在生活中，有很多我们不想面对的事情，要出其不意地敲他一下，以便打退对方。若缺乏机会，不妨制造机会，先使对方兴高采烈，使用幽默的语言，然后趁对方缺乏心理准备，仍在笑嘻嘻时，找到借口及时退出，达到拒绝的目的。

成为笑话大师

笑话篇幅短小,情节简单而巧妙。用它来缓解紧张的气氛,效果是再好不过的了……

在一些正式场合,讲个笑话,会缓解紧张的气氛,有利于大家更放松地交流。

公司年终聚餐,大家随便落座。小 A 的桌子上一共有 12 个人,小 A 只认识两个。由于彼此不熟,因此大家都不说话,只是低头吃饭。小 A 觉得这样的气氛很尴尬,便主动对大家说:"大家好,我是来自设计部的小 A,今天是个团聚的日子,让我们一起喝一杯吧!"大家相继举起了酒杯,喝完之后,小 A 见大家都看着自己,便说道:"我给大家讲个笑话吧,我讲完之后,大家轮流讲,顺便介绍一下自己,好不好呢?…'好,你先讲吧!'餐桌上的气氛马上热烈起来。"听好了,"小 A 清了清嗓子,开始讲起来,"一只小白兔蹦蹦跳跳地来到面包房,问:'老板,你们有没有一百个小面包啊?'老板:'啊,真抱歉,没有那么多''这样啊……'小白兔垂头丧气地走了。第二天,小白兔蹦蹦跳跳地来到面包房:'老板,有没有一百个小面包啊?'老板:'对不起,还是没有啊。''这样啊……'小白兔又垂头丧气地走了。第三天,小白兔又蹦蹦跳跳地来到面包房:'老板,有没有一百个小面包?'老板高兴地说:'有了,有了,今天我们有一百个小面包了!'小白兔掏出钱:'太好了,我买两个!'…'哈哈哈哈,太有意思了……"大家都笑起来,小 A 也跟着笑起来,刚刚紧张的气氛一扫而散。"我叫小丽,下面我也给大家讲一个笑话………'我叫大刚,很高兴认识大家,我也……"大家一边互相介绍自己,一边讲着笑话,气氛变得非常热烈。

聚餐过后，其他桌的员工几乎都没有什么联系。但是小 A 这一桌的员工们都成了好朋友，这不，他们又相约着一起去唱歌呢！

笑话虽小，但在缓解紧张气氛的时候却能发挥巨大的作用。平时记住几个经典的笑话以备不时之需，是很有必要的。

小刚要去见自己未来的岳父老朱了。听女友晓静说她的爸爸是个很严肃的军人，因此，小刚的心里有点忐忑。

到了女友家，小刚恭恭敬敬地对老朱说："伯父好！"老朱犀利的双眼上下打量着小刚，小刚差点一哆嗦，不过，他始终保持着微笑。

"嗯，"老朱点了点头，"进来吧！"小刚跟在老朱的背后，心咚咚地跳着："老头果然不好惹，可得小心点啊！"

进了屋，老朱对小刚说："坐吧！"小刚道了谢，慢慢地坐了下来。

老朱常年在部队很少跟外界沟通，准女婿突然到来，他也不知道说什么好。于是，两人之间便有点冷场。

这时，小刚瞟见茶几旁边放着一本党刊，便随手拿起来。老朱看到了他的举动，问他："平时喜欢看书吗？""喜欢，"小刚见老朱主动问自己，马上说道，"我喜欢读一些小说和故事书，娱乐类的书籍我也喜欢。对了，前几天我还看过一些笑话，其中一个还跟部队有关呢！""是吗？说来听听。"老朱很是感兴趣。小刚便绘声绘色地讲道："两方正在战斗中，团长为了激励士气来到了大草原前线……

团长问：'情况怎样？'

一士兵说：'报告团长！前方 20 米的帐篷旁有一个弓箭手，不过他的准度很糟糕，这几天射了好多次，没有射到一个人。'

团长听完便问：'既然发现对方的弓箭手，为什么不把他干掉？'

士兵说：'报告团长！不好吧，难道你要让他们换一个比较准的吗？'"

"有意思，"老朱笑起来，"这个笑话很好，既有趣味性，又富有哲理。嗯，平时读一些笑话也是很有益处的！"

老朱觉得小刚彬彬有礼，学识渊博又有幽默感，因此很满意。当小刚提出要和女友晓静结婚时,老朱笑着答应了!

笑话虽小,却能促成大的和谐。在和人沟通时,不妨适当讲个笑话,既有助于沟通,还能显示自己的智慧,增添个人魅力!

沟通中很容易出现尴尬和冲突,如果懂得化解的方法,就能消除紧张的气氛,保持沟通的畅通。懂得一些圆场解围的技巧和常识,能让你在各种场合都游刃有余、大受欢迎!

幽默也要看时机

在人际交往中,轻松幽默地开个得体的玩笑,可以松弛我们的神经,活跃谈话的气氛,营造出一个适合于交际的轻松愉快的氛围。

言语交际的失败大多与滥用幽默有关。滥用幽默不光会使自己陷入尴尬和困境,而且还会导致别人轻视你,使你丧失人格价值。在众人的目光中,喋喋不休者如小丑一样可笑,故作幽默者更胜过小丑。因而我们运用幽默时,千万要注意时机、场合和对象。

幽默,要讲究时机

英格兰人常说:尽管幽默的力量很重要,但它并不是生活的全部。当时机恰当的时候,你就去用它。

西方 4 月 1 日的愚人节,是捉弄人的节日,这一天,一个足不出户的小伙子会突然接到姑娘约会的电话;一个姑娘会突然接到不是父母的父母来信;一个人到澡堂洗澡,衣服会不翼而飞;一个学生去上课,教室里会空无一人。谁都想在这无所顾忌的节日里高高兴兴地捉弄别人,而被捉弄的人发觉上当后也为实实在在地被人捉弄而高兴。

愚人节,一个人在街上散步,突然背后传来吆喝:"请让开,便桶来了!"他急忙闪开,一辆自行车匆匆而过,上面是一个小伙子带着个漂亮姑娘。

如果上述事情不是发生在愚人节,而是发生在其他的时候,可能不但收不到幽默的效果,还会使他们觉得无聊,甚至引起他人的反感。可见,幽默不是随时都可以抛洒的,随着文明的进步,生活经验的积累,人们越来越清楚地认识到:幽默要讲究时机。

幽默，也要讲究场合

如果你仅仅把讲究时机作为幽默语言的准则，那就太狭隘了，因为要想成功地使用幽默，在讲究时机的同时还应当注意大环境。

毫无疑问，讲究场合，才能把幽默运用得更加恰如其分。

在发生重大事件的严肃场合，或者在葬礼上，不合时宜的幽默话语会引起别人的误解甚至怨恨。比如朋友正为失去亲人而伤心，你对在灵前落泪的朋友说："去世的那位先生一定是个个性强硬的人，你看，他现在从头到脚都是僵硬的。"这番幽默几乎可以肯定会受到痛斥。

在庄重的社交活动中，任何戏谑的话语都可能招来非议，在庄重场合，如果你幽默起来没边没际，太过夸张，为追求效果而手舞足蹈、脱离自己的平常个性，也会让人反感，人家会觉得你虚伪浮躁，不够稳重。这会严重影响你的个人形象。

幽默，还得注意对象

生活中每个人的身份、性格、心情不同，对玩笑的承受能力也不同。同样一个玩笑，能对甲开，不一定能对乙开，能对乙开，则不一定能对甲开。

一般来说，晚辈不宜同前辈开玩笑；下级不宜同上级开玩笑；男性不宜同女性开玩笑。在同辈人之间开玩笑，则要掌握对方的性格特征与情绪信息。对方性格外向，能宽容忍耐，玩笑稍微大些也能得到谅解。对方性格内向，喜欢琢磨言外之意，开玩笑就应慎重。对方尽管平时生性开朗，假如恰好碰上不愉快或伤心之事，就不能随便与之开玩笑。相反，对方性格内向，但正好喜事临门，此时与他开个玩笑，幽默的氛围会一下凸现出来，效果也会出乎意料的好。

曾经不止一位幽默理论家这样告诫我们：观察对方的个性、好恶和心情，乃是成功施展幽默的窍门。的确，俗语说："一种米养百样人"，社会每个成员的性格、心理、教养都不尽相同，意趣更为千差万别，假如你对幽默参与者的个性不够了解，那么你苦心经营的幽默必会报废不少。

因此，在社会交际中，要视对象的不同，注意把握分寸，才能收到好的效果。比如一些关于盲人的幽默，对于真正的盲人就不适宜了。在社交生活中，我们应根据具体的环境、对象和氛围，采用适当的形式来表达出恰当的幽默。

在图书馆门口,有一位男士开门让一位女士进来。

"如果你因为我是女的,所以开门让我进来,那就算了吧!"她说。

"不,夫人,"他回答,"我为您开门,是出于尊重你是个长者。"

所谓顾及听众,当然不是一种姿态,一种态度,而是幽默作为交际的艺术必须具备的前提条件。

幽默的群体性和共娱性特征是十分明显的。又由于群体是由个人构成的,因此能够娱乐甲的一句话,可能在乙听来是侮辱。如果你忽视了这一点,一味地强调自我的兴致和偏爱,丝毫不放弃个人的思路,那么,你的幽默将黯然无光。

注意对象,了解对象,才容易找到合适的幽默话题;适应对方的心理需要,才能真正达到沟通的目的。分而治之,是现代幽默的最为完美的战术。

笑,具有传染性,为他人捧场,你的合作态度会得到由衷的感谢,只要气氛活跃了,该你施展幽默时,也会一路绿灯。

魔力悄悄话

一个真正的幽默家首先要愿意接受他人的信息。当他人幽默地发表意见时,你有义务报以微笑,而不是冷言冷语来泼他一头冷水。因为,幽默并非某一个人的特权,它是整个社会的财富。

第六章
形象为你的沟通加分

一个人的形象不仅体现在外在可以看得见的得体的穿着、适宜的打扮上，而且还体现在内在的品质和素养上。

在与人沟通和交流时，好的形象可以为其增光添彩。微笑、真诚、坦然等良好的修养就像和风细雨，滋润对方的心田，使得沟通更加顺畅。

我们天天都在说话，但是，有的人说起话来，娓娓动听，使人听了全身的筋骨都感觉到舒服；有的人说起话来，锋芒锐利，像一柄利刃，令人感觉十分恐惧；有的人说起话来，一开口就使人感觉讨厌。

人人都有爱美之心

在与人交往中,仪表非常重要,它反映出一个人的精神状态和礼仪素养,会给别人留下先入为主的第一印象。

吉恩毕业于一所名牌大学,他成绩优秀,专业知识扎实,工作能力强,在生活中不拘小节,大家都很喜欢他。

只是吉恩有一个不好的习惯,他从不注意个人形象:头发总是乱糟糟的,整天穿着一身破牛仔,一双运动鞋。

一次,他去一家律师事务所面试,依旧是那套"行头"。

刚一见面,负责招聘的人便皱起了眉头,有些不悦。双方勉强谈了几句话后,招聘人员便下了逐客令:"对不起,您的专业素质很高,能力很强,但我们不需要您这样的人。"

这次面试的惨败深深触动了吉恩。以前,在吉恩眼里,能力是第一位的,从来都没有给外表留过位置。这次以后,吉恩懂得了:得体的外表也很重要。

吉恩面试失败,不是因为他的能力不行,知识储备不够,而是输在了他"拖沓"的外表上。"乱糟糟的头发、一身破牛仔、一双运动鞋",这就是吉恩的门面,让人感觉不礼貌、不严肃。

端庄得体的外表总能给人留下美好的印象,引起他人的好感。北宋名妓李师师正是深谙这一点,第一次见宋徽宗时精心装扮,"远山眉黛长,细柳腰肢袅",一下子就征服了这位风流皇帝。

当时的李师师已是名满京城，颇受仕子官宦的追捧。

宋徽宗赵佶生性轻浮，除了爱好花木竹石、鸟兽虫鱼、钏鼎书画、神仙道教外，还嗜好女色。后宫中妃嫔如云，有"三千粉黛，八百烟娇"的说法，但他仍嫌腻烦，没有新鲜感。

宋徽宗对李师师早有耳闻：李师师喜欢凄婉清凉的诗词，爱唱哀怨缠绵的曲子，常常穿着素白色的衣衫，淡妆轻抹，一副"冷美人"的样子，招人怜爱。

一日，宋徽宗闲得无聊，穿了便装，化名赵乙去见李师师。李师师见权倾朝野如高俅都是下人打扮，便知来人身份不俗。一番精心装扮，更衬托出李师师的绝世姿容：鬓鸦凝翠、鬟凤涵青、素净淡雅、清纯脱俗，秋水为神玉为骨，芙蓉如面柳如眉，看得徽宗神魂颠倒、不能自已。

从此以后，宋徽宗就经常光顾李师师的青楼。

李师师之所以初次见面就深得宋徽宗的喜爱，是因为她得体的装扮，出水芙蓉般的气质，这让看惯了浓妆艳抹、珠光宝气的宋徽宗有眼前一亮的感觉。

得体的外表是一个人精神面貌的最好体现。同样的，对一个公司来讲，每一位员工的外在形象都是它的招牌和门面，也很重要。

某公司是世界知名的汽车销售企业，位居世界五百强之列。公司的董事长十分看重公司职员的个人形象，他常挂在嘴边的一句话是："每一个员工的形象都代表着公司。"因此，他要求每一个职员在与客户谈生意前都要细细审视自己的穿着打扮：

1.脸上有微笑没有？

2,妆化好了没有？

3,头发梳好了没有？

4,胡须刮了没有？

5,衣服有皱褶没有？

6,扣子扣好了没有？

7,裤子有折痕没有？

8,皮鞋擦过了没有?

看了上面的规定,也许您会明白该公司成功的奥秘吧!

俗话说:"着装打扮不是万能的,但打扮不好是万万不行的。"穿着得体,打扮适宜,自然会为你的交际能力加分。

穿着打扮也是一种语言,这门语言,在人际交往中,有着不可估量的作用。外表是自己的形象,无论什么时候都要注意自己的"这张脸"。您能做得到吗?

沟通的智慧

戴普说："世界上再没有什么比令人心悦诚服的交谈能力更能迅速获得成功与别人的钦佩了，这种能力，任何人都可以培养出来。"

说话不是一件容易的事。我们天天都在说话，但并不见得个个都会说话。话说得好，小则可能欢乐，大则可以兴国；话说得不好，小则可能招怨，大则可能惹祸上身。

在一次联合国的会议上，菲律宾前外长罗慕洛与苏联代表团团长维辛斯基发生了一场激烈辩论。罗慕洛批评维辛斯基提出的建议是"开玩笑"，维辛斯基立即采取了十分无礼之举。

维辛斯基说："你不过是个小国家的小人罢了。"

罗慕洛听后便站了起来，告诉联合国大会的代表说维辛斯基的形容是正确的，但他又接着说了下面一句话："此时此地，将真理之石向狂妄的巨人眉心掷去——使他们的行为有些检点，这是矮子的责任。"

罗慕洛的话博得了代表们的热烈掌声，而维辛斯基只好干瞪眼，什么话也说不出来。

罗慕洛就是通过这句巧妙的言辞为自己和自己的国家争回了面子。

美国著名教育专家卡耐基，非常强调说话的重要性，他说："假如你的口才好，可以使人家喜欢你，可以结交好的朋友，可以开辟前程，使你获得满意的结果。譬如你是一个律师，你的口才便吸引了一切诉讼的当事人；你是一个店主，你的口才帮助你吸引顾客。""有许多人，因为他们善于辞令，因此而擢升了职位，有许多人因此而获得荣誉，获得了厚利。你不要以为这是小节,你的一生,有一大半的影响,是由于说话艺术。"

有一顽童,大年三十那天,一大早便出门找伙伴玩耍去了。玩了一段时间后,发现自己头上一顶崭新的帽子不知何时丢了。于是心惊胆战地跑回家去,对他妈妈"汇报"了一下大体情况。要是在平时发生这种事情的话,妈妈一定会大声斥责他。可是今天是大年三十,不能骂孩子,尽管心里很火,也硬忍着没有爆发。这时来他家串门的邻居王叔听了后,笑着说:"狗娃子的帽子丢了,这没关系,这不是正好意味着'出头'了吗?今年你一定走好运,有好日子过了。"一句话,说得孩子的妈妈转怒为喜,并附和着说:"对!对!狗娃从此出头了。"于是大家一阵哈哈大笑。从此王叔的说话形象一下子在人们心目中提高了许多。

巧说话是一个人智慧的反映,是影响一个人事业成功、人际和睦、生活幸福的重要因素,是一种可随身携带永不过时的基本能力。所以人不能仅仅满足于用口说话,而要善于说话,会说话实在是我们一生的资本。

一个人会沟通,巧说话,就能够准确自如、恰到好处地表达自己的思想和感情;能够通过谈话,增进彼此之间的了解,与他人建立良好、和谐的关系。掌握沟通中的原则和技巧,将有助于你展示超凡脱俗的口才和魅力。

沟通中的行为举止

中国是一个历史悠久的礼仪之邦，向来讲究举止优雅。站有站相，坐有坐相，才能给人以优美大方、朝气蓬勃的好印象。

玛莉是一名刚刚毕业的女大学生。这几天正忙着找工作。

一天，玛莉去一家大型企业应聘。一进门，玛莉高挑的身材和得体的着装就给主考官留下了不错的印象。接下来，进入正式面试的环节。玛莉回答问题虽然很流利，但她的坐姿实在不能恭维：随意地靠在椅子上，显得有点懒散。而且，玛莉自从坐在那儿就没有消停过，一会儿打个呵欠，一会儿晃动一下椅子，一会儿挠挠头，一会儿摆弄摆弄衣角……

主考官一脸不悦，草草问完了问题就结束了面试，玛莉一脸茫然地退了出来。

面试的结果可想而知……

后来，当玛莉看到自己的面试录像时，十分羞愧，觉得自己的小动作很是不雅，给主考官留下了极坏的印象。

一个不雅的小动作，也许会毁了你的整体形象，就像玛莉第一次应聘时，整体表现佳，却因不雅的小动作而被淘汰。因此，在人际交往中，要尽量避免不雅的小动作，以免影响沟通。

另一方面，我们可以通过观察他人的小动作来解读他人的内心世界，从而使自己更加善解人意。

戴维是一个性格豪爽的年轻人，待人诚恳，热情大方。

一天下班后,他到一位朋友家做客,由于聊得很愉快就忘了时间,眼看快到午夜12点了,朋友和妻子都有些疲倦了,可是看着兴致勃勃的戴维,他们实在不好意思下逐客令。朋友陪戴维聊天的同时,不停地看手表,妻子也困得直打呵欠。他们的这些小动作戴维都视而不见,继续高谈阔论。又过了半小时,朋友的妻子实在是忍无可忍,只得说:"今天时间不早了,你明天不是还要上班吗?要不以后再找机会继续聊吧!"戴维意犹未尽,依依不舍地出了门。

第二天下班后,戴维又到朋友家去了,想继续第一天没有聊完的话题。朋友的妻子借口他们晚上有聚会拒绝了他。

在与人交谈的过程中,我们要善于解读别人通过小动作做出的暗示,若是戴维明白了这一点,朋友也不至于第二天拒绝他了。

在与人交往中,切忌不要"因小失大"。既要注意自己的不雅动作,又要善于观察,解读小动作背后的暗示性语言,如此,方能在社交中如鱼得水,处处受人欢迎。

小动作是指在跟人交流时的无意识的动作、手势和习惯。比如,掏耳、挖鼻或是剪指甲、打哈欠、剔牙、搔头皮、不断地颤动腿、扶眼镜等。我们应该尽量避免这些不雅的小动作,以免引起他人的反感。

幽默是演讲中的食盐

幽默是演讲中的食盐。一个优秀的演讲人和有吸引力的演讲内容只有加上恰到好处的幽默才能创造出成功的演讲。

演讲，是就某个主题对听众发表个人的见解，以阐明事理、感召他人。它以"讲"为主、以"演"为辅，通过语言、感情、姿态等方面的协调运动，"告人知""说人信""让人服"，点燃蕴藏在人们内心世界的希望之火、奋斗之火、智慧之火，由此推动文明的进步。

幽默和演讲有着十分密切的关系。对一位优秀的演说家来说，他所需要的不仅仅是口若悬河，还需要精辟的学识、广博的知识、丰富的联想及其多种多样的能使自己表达自如的手段。毫无疑问，幽默正是演讲的重要手段之一。幽默在演讲中的作用非同小可。

幽默增加演讲的知识性

有些幽默的演讲不仅充满智慧，而且趣味性、知识性、美感都很强。

有位中学教师给高三全体学生做高考辅导，讲到文学的阶级性，他举了一个例子：商人、秀才、地主和佃农四个人同在一个庙宇里避雪。面对纷纷扬扬的大雪，商人很欣赏地吟道："大雪纷纷坠地"；秀才是从来不忘皇恩浩荡的，接着吟："这是皇家瑞气"；地主穿着狐裘大衣满不在乎："再下三年何妨"；佃农一听，气坏了，心里想：再下雪我吃什么？就脱口而出："放你妈个狗屁。"

这个小幽默通俗易懂，但知识性很强，教师在讲课时来这么一个幽默，既把课程讲得透彻，又能引起学生的学习兴趣，也使学生记得牢固。

幽默可以增加说服力

通常幽默都有把复杂的内涵观点形象化的效用,适当糅合幽默的成分,能增强演讲的说服力,帮助听众一针见血地把握问题的实质。

列宁在自己的演讲中曾幽默地批驳了德国政府采取的愚人政策,他说:"现在,德国政府已昏头昏脑,当整个德国都已经燃烧起来的时候,它却以为把自己消防队的水龙头对准一幢房屋就能把火熄灭。"

由此生动形象地揭示了专制政府的虚伪本质,使人耳目一新。

幽默能沟通演讲者与听众的感情

演讲者若是居高临下地板着面孔讲,与听众的感情就难以沟通,反之,一开始便对等地、谈话式地来个幽默,一下子就能缩短与听众之间的距离。

1990 年,中央电视台邀请台湾影视艺术家凌峰先生参加春节联欢晚会。当时,许多观众对他还很陌生,可是他说完那妙不可言的开场白后,一下子被观众认同并受到了热烈欢迎。他说:"在下凌峰,我和文章不同,虽然我们都获得过'金钟奖'和最佳男歌星称号,但我以长得难看而出名……一般来说,女观众对我的印象不太好,她们认为我是人比黄花瘦,脸比煤炭黑。"这一番话嬉而不谑,妙趣横生,观众捧腹大笑。这段开场白给人们留下了非常坦诚、风趣幽默的良好印象。不久,在"金话筒之夜"文艺晚会上,只见他满脸含笑,对观众说:"很高兴又见到了你们,很不幸又见到了我。"观众报以热烈的掌声。从此,凌峰的名字就传遍了祖国大地。

幽默能帮演讲者处理哪些困难的话题

演讲的题材是很广泛的,有时你想表达的信息是别人不愿意听到的,可能会令人感到痛苦,或者需要听众做出较大的牺牲,或者要他们面对某些残酷的人生处境。这时,快人快语是不合时宜的,委婉一点,运用幽默的力量,反而会使听众免于受到痛苦情绪的威胁,解除他们对禁忌话题所产生的不安与恐惧。

例如,现在艾滋病的阴影正笼罩着全球,人人谈"艾"色变。假如你演讲的目的是筹集艾滋病研究防治基金,用于更新医疗设备,你就不能不谈到大家都忌讳的病毒、感染和死亡问题,这是很沉重的。然而,你可以通过说一则逸事或趣闻来减轻听众的情绪压力，改变话题的氛围。一个流传甚广的幽默故事曾经被许多演讲者转述：

美国哲学家梭罗临终的时候，他的一个姑母在病榻前问他："你和上帝之间已经达成和平了吗？"

梭罗回答说："我倒不知道我们之间吵过架。"

显然，幽默可以冲掉由于陌生、严肃、沉重而存在的淡淡的哀伤情绪，使场面变得亲切融洽而轻松随意。

幽默可以帮演讲者更好地表达观点、抒发感情

有一次，作家林语堂在台北参加某院校的毕业典礼，很多人发表长篇大论。轮到他讲话时，听众已经疲倦难耐。只见林语堂站起来说："演说要像姑娘的迷你裙，愈短愈好！"话一出口，全场变得鸦雀无声，然后哄堂大笑。

林语堂很好地表达了自己的观点，赢得了观众的喝彩。

幽默的言语中充满了令人愉快的智慧，它对于"集体接受"的演讲听众具有特别的意义。如果已经娴熟地掌握了幽默技巧，在演讲中插入一些妙趣横生的内容，往往比振振有词的套语更能牵动听众的心弦。

往往是那些含蓄、风趣的材料和语言，寓庄于谐，使人在会心一笑的同时，体会到高尚的情趣和深刻的道理。因而演讲高手从来不忽略幽默，反而总是以笑声来调节台下听众的情绪，激发他们回味无穷的遐思。

会说话的眼睛

印度诗人泰戈尔说:"学会了眼睛的语言,在表情达意上会受益无穷。"眼神,是最富表现力的体态语,能传递丰富的信息和情感。

《黄帝内经·灵枢》第八十篇《大惑论》曰:"目者,心使也;心者,神之舍也。"眼睛可以传神,它是心灵的窗户。在人际交往中,要善于运用眼神传递信息,并读出他人想要表达的真实意图。

一大早,露西就出门了。她要应聘某公司的策划专员,到公司和董事长详细面谈。

她穿着一身职业套装,衣襟上方插一朵淡雅的小花,微笑地进了董事长的办公室。进门之后,董事长问了她的名字,示意她坐下,开始谈话。谈话很友好,露西回答问题也很流畅。突然,董事长抛出一个很专业的问题来问露西是如何看待的。露西心里有点犯愁,怕贸然说出自己的观点会冒犯董事长。董事长用鼓励的目光望着她,好像在说:"我在等待听你的高见哪!"露西鼓足勇气,大胆说出了自己的想法。董事长夸奖露西有思想、敢创新,对露西的回答很满意。

临出门的时候,露西很大方地和董事长握了握手,并直视着他的眼睛。

最后,她被录取了。

有人问她:"董事长是个很苛刻的人,你得到他赏识的秘诀是什么?"

她笑了笑,说:"没有什么,如果真要说什么秘诀的话,就是我一直在直视他的眼睛,注意着他的眼神。我看董事长的眼神就知道自己肯定能被录取。"

眼神能够传递一些用语言、动作难以表达的信息,正所谓"眉目传情",当两个人互相注视时,即使不说一句话,眼睛也能传情达意。注视,是两个人心灵的碰撞和交流,眼神光彩熠熠,一般表示充满兴趣;而目光东移西转,则说明心不在焉。

央视当红女主持人王小丫,只要莞尔一笑,那双含情的大眼睛马上泛起温柔的微波,轻轻的,淡淡的,不掺杂一点纤尘,又稍稍带些甜甜的味道,让每位观众都感到神清气爽。

在社交中,女人有天然的优势:语言天分和细微的观察能力,如果再加上"巧笑倩兮,美目盼兮",那么在沟通中必能无往不胜。

贝妮是一位年轻漂亮的姑娘。

大家都说她的眼睛会说话。她的眸子如一潭碧泉,清澈纯净。

一次在一家咖啡厅,她只是那么专注地看着角落出了一会儿神,坐在那里的一位男士就来到了她的身边。

这样的事情不知道发生过多少次,她自己也不知道为什么,自己的眼神竟会有如此大的魔力。可那位男士说:"你的眼神没有一个男人能抗拒得了。"

"北方有佳人,绝世而独立。一顾倾人城,再顾倾人国。"顾盼之间就可倾城倾国,可见,拥有一双美眸对美女来说有多重要。最有力的证据便是杨贵妃,"回眸一笑百媚生,六宫粉黛失颜色",眼神的魅力可见一斑。

美眸虽善传情达意,但如果你没有一副美眸也不必在意,努力练就一双会说话的眼睛,你在社交中同样会抓住他人的目光。

吸引他人的个性

在日常交际中,我们会发现,有些人的音容笑貌令人难以忘怀;而有的人则很难给别人留下印象。有的人虽只见过一面,却给别人留下长久的回忆;而有的人尽管长期与别人相处,却从未在人们的心目中掀起波澜。

穆尔是某公司的一名员工,他待人友善,但不爱说话,属于容易被人遗忘的角色。

周末,穆尔所在部门和另一部门相约爬山。一路上大家都很高兴,叽叽喳喳地说个不停,可不爱说话的穆尔却独自坐在一边,一言不发。到了目的地,大家互相搀扶着开始爬山,穆尔则默不作声地把吃的喝的都拎在自己手里。等到休息的时候,同事们总会讲些小故事、小笑话来解闷儿,穆尔依旧默不作声地给大家分发面包、火腿、饮料,然后悄然坐到一边听大家的说笑。等大家休息好以后,穆尔又来做善后工作——收拾垃圾,一路上穆尔都在默默地为大家服务。

等到晚上回去的途中,其他同事都已经很熟络了,三三两两地结伴而行,可穆尔还是形单影孤的一个人。

年终公司全体员工会餐时,穆尔碰巧坐到了另一部门一起去爬山的一个女孩儿旁边,他跟那女孩儿打招呼,结果女孩儿的反应让他备受打击,她好像根本就不认识他。后来穆尔提到"上次我们一起去爬山",那女孩儿才似有所悟地点了点头,说:"哦,你就是那个一路上都不讲话的人啊?当时你太安静了,所以我对你没有太深的印象,不好意思哦!"听了女孩儿的话,穆尔的心情变得异常低落。

穆尔和其他同事比起来显得太安静,有些木讷,缺乏自己的特点,也难怪那个女孩子不认识他。在追求时尚、个性的时代,若是没有自己的个性特点,在交际中就很容易被对方忽视。个性不只表现在谈吐上,也表现在着装上,所以口才一般的朋友不妨在着装上下点工夫,让衣着尽显你的品位和个性。

蒙哥马利元帅以他的"贝雷帽"著名。他在这种扁软羊毛质地的小帽上,缀上他指挥的队伍的队徽,还随时穿着一件套头衬衫,这一奇特的装束使得他看上去与众不同。他总是以这样的形象示人,哪怕是在战争最激烈的时候。官兵只要见到一位头上戴着缀满队徽的软帽、穿着一件套头衬衫的人,就知道是他们的司令官来了。

巴顿也一样,他特殊的穿着是一顶闪亮的头盔,臀部两边各挂一把手枪,甚至在战场上还系着领带。艾森豪威尔穿着一件自己设计的短夹克,最后整个美国陆军都采用这种夹克做制服,而且名字就叫"艾克夹克"。麦克阿瑟也类似。在第一次世界大战中,他还只是一个年轻的上校,他的制服就与众不同。他不带盔甲,也不佩戴手枪。在第二次世界大战中,他不打领带的制服、金边帽子、大烟斗和太阳眼镜,也都成为他的象征。

名人尚且如此,更何况你我呢? 在一群平淡无奇的人群中,你敢特立独行彰显自己的个性吗? 王充在《论衡》里说道:**"故富贵之家,役使奴童,育养牛马,必有与众不同者矣。"**若是你没有倾国倾城的美貌,绝世独立的气质,那就让你的着装凸显个性,来吸引他人的眼球吧!

魔力悄悄话

个性就是一个人在思想、性格、品质、意志、情感、态度等方面不同于其他人的特质。个性的内涵、外延十分丰富,它不仅仅体现在语言和文字上,而且还会体现在自身的气质、着装打扮、待人接物上,等等。个性对一个人的交际活动具有直接的影响。

微笑让人如沐春风

"微笑是两个人之间最短的距离。"人际交往中保持微笑,会让人感觉如沐春风、非常温暖。在人际交往中,"微笑是最好的名片",它能展示你最好的形象,帮助你取得成功。

多琳是一所名牌大学的毕业生。她成绩优秀、温婉大方。她从小的梦想就是当一名空姐,在蓝天上自由地飞翔。

这几天,多琳一直在忙着找工作。

一天,多琳接到了一家航空公司的面试通知。多琳别提有多高兴了,精心准备了一番。几轮面试下来,多琳就有些灰心了,公司的要求太高了。公司经理告诉大家,回去等消息,多琳也没抱太大的希望。

第二天下午,航空公司的经理打来电话,告诉多琳被录取了。

在后来的一次交谈中,多琳才知道自己能够在众多应聘者中过关斩将、脱颖而出的秘密。空姐每天都在全世界各地飞行,代表着国家的形象、公司的门面,所以,脸上发自内心的微笑,是一个空姐最重要的素质。而多琳在整个面试的过程中,脸上始终带着迷人的甜美微笑。微笑会感染乘客,感染身边的每一个人,所以她正是公司所需要的人。

微笑可以给自己创造机会,带来成功。我们也应该像多琳那样,无论做什么事,都微笑着面对。

微笑还被人们誉为"解语之花,忘忧之草"。微笑中蕴涵着幸福和希望,洋溢着美好与祝福。

维克和威尔是好朋友，维克待人友善，脸上总是挂着微笑，人见人爱；而威尔却是一个消极、忧郁的人。

一天，威尔找到维克，他也想像维克那样快乐地生活，只是苦于不知道该如何做。维克听了威尔的话，告诉威尔："请学会微笑吧，向所有的一切。"

于是，威尔接着维克的指引，去寻找微笑，去付出微笑。

半年过后，一个快乐的威尔来到维克面前。

现在，威尔的脸上阳光灿烂，充满自信，他的嘴角，总是挂着真诚的微笑。

威尔说："当我把微笑送给那位我曾熟视无睹的送报者，他还我以同样真诚的微笑时，我发现天是那么蓝，树是那么绿，送报者离去时哼着的歌是那么动听！"

"当我微笑地对那位不小心把菜汤洒在我身上的侍者说'没关系'时，我收获了他发自内心的感激，我似乎看见了人与人之间流动着的温情，这温情驱散了我内心聚积着的阴云。"

"后来，我不再吝惜我的微笑，我微笑地面对街边孑然独行的老人、天真无邪的孩子，甚至那些曾经辱骂过我的人。我发现，微笑让我更加自信、更加愉快了。生活真是美好啊！"

淡淡的甜美微笑，会让人感觉很舒服，拉近人与人的距离。但是，微笑的魅力远不止于此。

故事大约发生在 20 世纪 30 年代。

有一位犹太传教士，他每天早上都会出门散步，无论路上遇见谁，他都会微笑地打一声招呼："早安。"

在当时的年代，当地居民对传教士和犹太人的态度很不友好。其中，有一个名叫米勒的年轻农民对传教士的热情问候很是反感，从来不作任何回应。然而，米勒的冷漠，并没有改变犹太传教士的热情。每天早上，犹太传教士仍然会微笑地向米勒道一声早安。

时间流逝,几年以后,纳粹党上台执政。

有一天,纳粹党人把附近所有的犹太人都抓了起来,送往集中营。下火车时,有一个指挥官手拿着指挥棒挥动着,叫道:"左,右,分列前进。"其中被指向左边的人是死路一条,要被马上处死,被指向右边的人,还有生还的机会。

每个犹太人都惶恐不安,害怕极了,生怕自己被指向左边!传教士下车了,他抑制住内心的恐惧,缓慢走上前去。当他抬起头时,眼神一下子和指挥官的眼神相遇时才发现,这位指挥官竟然是米勒先生。

传教士定定神,依然微笑地说道:"早安。"

米勒先生的表情还是没有变化,但他的指挥棒指向了右边,这位传教士有幸活了下来。

微笑的力量如此强大,犹太传教士凭借真诚的微笑感动了无情的纳粹分子,得到了生存的机会。

一个没有微笑的世界简直就是一个人间地狱。微笑,是人类最基本的动作。微笑不用费神、不用耗力,时间短暂却回味悠长,所以任何时候,都不要忘了给别人一个甜甜的微笑!

魔力悄悄话

微笑是一味抚慰心灵的药剂,可以使忧郁的人变得乐观起来,使自卑的人变得自信起来。有时候,微笑更似暗香般,在默默地绽放着它的美丽,感染着周围的每一个人。

第七章
沟通要懂变通

现实生活中有形形色色的人物，每个人的性格特点都不相同。

为了让自己在沟通中游刃有余，我们需要针对不同的人作出不一样的反应。

灵活地对待不同的沟通对象，会让我们的思维和语言变得更加敏锐，在人群中脱颖而出！沟通需要智慧。

在沟通中保持清醒的头脑，灵活运用逻辑和论断，可以巧妙地把握论辩的方向和节奏，从而使自己始终保持主动，在论辩中取得完胜！

沟通中的善意谎言

善意的谎言是隐晦的星星，虽然不明亮但也耀眼；善意的谎言是美好的承载，虽不沉重但也坚实！

善意的谎言是美丽的、纯洁的，是为了他人的幸福和希望而不得已所为之。

一架小型飞机在飞越沙漠时遇到了沙尘暴。沙尘暴非常强烈，飞机被迫降落。由于飞机无法恢复起飞，通讯设备也损坏，与外界通讯联络中断，9 名乘客和 1 名驾驶员陷入了绝望之中。求生的本能使他们为争夺有限的干粮和水而大动干戈。

紧急关头，一位临时搭乘飞机的乘客站出来说："大家不要惊慌，我是飞机设计师，只要大家齐心协力听我指挥，就可以修好飞机。"这好比一针强心剂，稳定了大家的情绪。他们自觉节省水和干粮，团结起来和风暴、困难作斗争。

十几天过去了，飞机并没有修好。但有一队往返沙漠的商人驼队经过这里，搭救了他们。后来。人们发现那个临时乘客根本就不是什么飞机设计师，他是一个对飞机一无所知的小学教师。有人知道真相后骂他是骗子，愤怒地责问他："大家命都快保不住了，你居然还忍心欺骗我们？"小学教师说："假如我当时不撒谎，我们能活到现在吗？"

善意的谎言是生活的希望，是沙漠中的绿洲，让人们能坚定地活下去。善意的谎言具有神奇的力量，鼓舞着我们不断地进步。

沟通力——借问酒家何处有

　　有一位教师，面对一群顽劣异常、难以管教的学生一时无计可施，就对学生撒谎说自己有特异功能，可以预测未来。学生们都好奇地凑了过来，他抓起一个学生的手细细查看后说："你的掌纹清晰细密，逻辑思维能力强，将来能成为数学家。"接着，他为一位大眼睛的女生相面，说："嗯，你的眼睛大而含情，感情必然丰富，将来能当作家或编剧。"说完他又指着一位身材瘦小的男生说："哟，你的手又瘦又长，具有艺术天赋，将来能当艺术家呢！"学生们对老师的话半信半疑，但自此以后，他们的精神面貌大不一样了，因为美好的未来在召唤着他们。后来，这个班级的学生很多都成绩斐然。

　　多年以后，师生们再次相聚在一起，学生们对老师的特异功能佩服得五体投地。老师却说："其实，我哪有什么特异功能，我只是根据你们每个人的特性，将一个个美丽的谎言种植在你们心里，后来，你们通过自己的努力，将这些谎言变成了现实。"

　　善意的谎言承载着祝福和爱，在它的鼓舞下，人们会生出一种巨大的力量，从而克服一切困难！

　　在日常生活中，难免会有磕磕绊绊、矛盾摩擦，这时善意的谎言就是润滑剂，能消除误会、化解摩擦。

　　小铭和小丽是一对中年夫妻。小铭平时经常加班，小丽总是先做好了饭，等着小铭回来一起吃。每次吃饭时，小铭都吃得津津有味，连连称赞："味道好极了，比中午在公司吃的饭强多了，真想顿顿都吃你做的饭！"小丽听到丈夫的赞美，非常开心，不停地劝说小铭多吃。

　　一次，家里来了客人，由于天色已晚，小丽便建议在家里吃饭。小铭对小丽说："还是出去吃吧，在家做麻烦！""怎么会麻烦呢？"小丽弹了一下小铭的脑袋："做饭也不是难事，你天天夸我做得好吃，这次就让我在客人面前好好露一手吧！""好的，那你先做吧，我出去买几瓶酒！"

　　小铭说完，匆匆出去。他到超市买了两只烧鸡，又买了些熟食和火腿，然后拎着酒，匆匆赶回家。

　　回到家后,小铭趁妻子在厨房忙碌时小声对客人说:"我妻子做的饭其实不怎么好吃,不过我平时都吃惯了,还常常夸奖她,她就信以为真。今天她非要露一手,我不想拂了她的兴致,就让她做了。一会大家吃饭的时候一定要包涵啊。我刚刚出去买了点熟食,大家可以尽情地吃!"客人们被他对妻子的爱所感动,纷纷答应。

　　吃饭的时候到了。小丽快乐地端上了菜,小铭劝大家多吃多喝。客人吃得很畅快,纷纷赞美小丽的厨艺,小小的房间洋溢着欢声笑语。

　　夫妻之间善意的谎言让人为之动容。一句谎言承载了深情,承载了甜蜜,承载了小铭对妻子真诚的爱!

　　说些善意的谎言,生活将会更加美满,人生也会充满幸福!

魔力悄悄话

　　善意的谎言与为不可告人的目的而编造的谎言相比,两者有着本质的不同。那种心术不正、诈骗、奸佞、诬陷的人迟早会搬起石头砸自己的脚,而善意的谎言会倍添其人格魅力,使人们更爱他、敬他。

沟通要会察言观色

人们常说,真理向前一步就可能变成谬误。同理,反面的话稍加引申就可能成为反面的反面——正面。

在人际交往中,我们常常需要通过讲道理来说服别人。**学会适当的时候说适当的话,就是要学会察言观色、把握时机,根据不同的对象、不同的场合,说恰如其分的话。**有些话直接说可能会使对方不能接受,为了避免尴尬,不妨正话反说。

汉武帝刘彻有位乳母,在宫外犯了罪,被官府抓了,并禀告汉武帝。汉武帝心中十分为难,毕竟是自己的乳母,滴水之恩当涌泉相报,何况自己是她用乳汁养大的。但是,天子犯法与庶民同罪,如果不处置她,有失自己天子的尊严,以后何以君临天下。思来想去,汉武帝决定以大局为重,依法处置自己的乳母。

乳母深知汉武帝的为人,知道自己凶多吉少,便想起了能言善辩的东方朔,请求东方朔帮自己一把。东方朔也颇感为难,他想了想说:"办法也有,但必须靠你自己。"乳母急切地问:"什么办法?"东方朔说:"你只要在被抓走的时候,不断地回头注视皇帝,但千万不要说话,也许还有一线希望。"乳母虽不解其中玄机,但还是点了点头。

当传讯这位乳母时,她有意走到汉武帝面前向他辞行,用哀怨的眼神注视着武帝,几次欲言又止。汉武帝看着她,心里很不是滋味,有心想赦免她,又苦于君无戏言,无法反悔。

东方朔将这一切看在眼中,知道时机成熟了,便走过去,对那位乳母说:"你也太痴心了,如今皇上早已长大成人,哪里还会再靠你的乳汁活命呢？你不要再看了，赶紧走吧。"

汉武帝听出了东方朔的弦外之音，想起了小时候乳母对自己的百般疼爱，终于不忍心看乳母被处以刑罚，所以法外开恩，将她赦免了。

东方朔的正话反说终于救了乳母。

当我们遇到一些不愉快的事情时，用正话反说的方法可能会收到更好的效果。对那些从事特殊工作的人们，在说话时更要看清对象，学会正话反说。反之，会给人带来不幸。

在客客气气的社交谈话中，有时实话实说是致命伤。别误解，这不是在鼓励说谎。这里讲的是一种高深艺术。

我们必须牢记"说话莫忘看场合"，该反说时就反说。唯有巧妙地利用语境，做到情境相宜，才能攻破人们的心理防线。

心理学告诉我们，在不同的场合中，人们对他人的话语有不同的感受、理解，并表现出不同的心理承受能力，正因为受特定场合心理的制约，有些话在某些特定环境中说比较好，但存另外的场合中说未必佳；同样的一句话，在这里说和在那里说效果就不一样，说什么，怎么说，一定要顾及说话环境，才能取得良好的说话效果。

借东西的沟通技巧

日常生活中难免会遇到拮据或者短缺的情况，只要我们掌握方法，就能大方地把"借"字说出口。

有这样一则小笑话。

门外传来了敲门声，乔对妻子说："我敢打赌，准是隔壁的布鲁格那家伙借东西来了，我们家一半的东西他都借过。"

"我知道，亲爱的。"乔的妻子答，"可你为什么每次都向他让步呢？你不会找个借口吗？这样他就什么都借不走。"

"好主意。"乔走到门口，去接待布鲁格。

"早晨好！"布鲁格说，"非常抱歉来打搅您。请问您今天下午用修枝剪吗？"

"真不巧，"乔答道，"今天整个下午我要和妻子一起修剪果树。"

"果真不出我之所料。"布鲁格说，"那么您一定没时间打高尔夫球了，把您的高尔夫球杆借给我，您不会介意吧！"

生活中，我们不可避免地要向别人借一些东西。这个时候，掌握一点沟通技巧，能让别人高高兴兴地把东西借给自己。

首先，我们要用商量的语气跟对方说话，并告诉归还时间，正所谓"好借好还，再借不难"。

小明要抓紧时间写一本书，可是电脑出了点毛病，于是他便想跟同学小东借用电脑。小明找到小东商量说："小东，我最近要赶写一本书，但是我的电脑突然坏了。你的电脑能借我用几天吗？我可以支付给你一定的使用费！""看你说到哪里去了，反正我平时也不怎么用，也就是看看电影。你用就拿去吧！"小东笑着说。"谢谢你啊，小东，我会抓紧时间写，五天后一定还给你！""不急不急，你慢慢用吧！"

　　小明真诚地跟小东商量，并告诉对方归还时间，从而缓解了对方的心理负担，顺利地实现了自己的目的。

　　卡耐基曾经说过："向人借钱应当直截了当地提出来，不必啰里啰唆地解释这解释那的。对方愿意借的话，你不用多说他也会借给你；反之，说得再多也是白费口舌。你直接提出借钱，对方不答应，你只要说声'没关系'就行了，这并不会发生尴尬；如果你先讲了一大堆借口，对方却依旧拒绝，这样反而使双方都可能陷于尴尬之中。"

　　卡耐基在读书时代，有一次交了学费之后，身上只剩下几美分。于是，他打算打工赚取生活费。但是，他得先解决眼前的吃饭问题。于是他准备向同学借点钱。

　　"杰克，请借给我十美元吧。"他直截了当地说。

　　"戴尔，"杰克说，"真是对不起，这段时间我手头也不太宽裕，请原谅。"

　　双方都十分坦率，所以都很自然。

　　"没关系，杰克。"卡耐基坦然地说，"我另想办法就行了。"

　　"戴尔，这样吧，"杰克又说，"汤姆好像有富余的钱，你不妨向他借借看吧。"

　　"好的，谢谢你，杰克！"

　　当卡耐基遇到汤姆的时候，说："汤姆，你能不能借给我十美元？"

　　"戴尔，"汤姆说，"真是抱歉。我本来有钱借给你的，不过今天正想买一辆自行车，也不知道买了之后能剩多少。"

　　"没关系，汤姆。"卡耐基笑着说。

　　"等我买了自行车后，如果剩下的钱多，我就拿给你。"

"好的,谢谢你,汤姆。"

下午,汤姆走进卡耐基的宿舍,说:"戴尔,我钱还剩下很多,你借十美元够用吗?"

"够了,谢谢你!"卡耐基说。

汤姆主动表示说:"钱多一点方便些,借你十五美元好了。"

"不用了,汤姆。"卡耐基婉言谢绝,"十美元就行了,谢谢你的好意,汤姆。我很快就会还给你的!"

由此可见,"借"不是什么难事,只要真诚有礼,别人一定会理解,并主动借给你。

沟通最忌遮遮掩掩。不诚实说话会让对方觉得你这个人一不可信,二不尊重他。其实有缺点、错误乃是人之常情,说出来反而会让别人觉得你这个人值得交往。

开口前要谨慎

俗话说"先说先死"，当然也有例外。因为有时候先说反而先赢，使对方先入为主，以致听不进以后的人所说的话。

说得对方听得进去，先说也不会死。但是，这种情况属于可遇不可求。因为对方的变数很多，简直谁也没有把握能够让对方百分之一百的听得进去，所以我们还是把先说先死看成通则，而先说先赢视为例外。

听得进去，对方也才乐于接受。就算不马上做决定，至少也不会排斥或拒绝，总算有机会，可以再接再厉。

安全沟通的要领，在先要避免"先说先死"，然后再提醒自己"不说照样会死"，于是用心模拟，寻找可以打动对方心理的第一句话，务求能够顺利地完成沟通的任务。第一句话不能打动听者的心，恐怕就要沟而不通了。

让对方听得进去，是沟通的第一步。只有听得进去，才有沟而能通的可能。听得进去，才有互动的可能。根本听不进去，说了半天，还不是白讲？许多人沟而不通，便是对方一句话也听不进去，自己说得再对，又有什么用？

对方听得进去，是良好沟通的第一步。所以开口之前，必须谨慎，以免徒劳无功。

具有先说先死的心理准备，同时兼顾不说也死。既不固执地先说，也不固执地不说，应该说才说，不应该说不说，务求说到不死。所以说的时候，宁可拖延一下，也不能够逼死自己。现代人最大的缺点，在急急忙忙要开口说话，几乎忘记了古人的警语："不说话没有人把你当哑巴！"急什么呢？说得那么快，像连珠炮一样，谁想听？

多说无益，不如不说。不说的时候，要用心思虑，怎样才说得通。

我们的建议：

一、口没遮拦的人，大家都害怕。然而口没遮拦和有话就说，有话直说，看起来十分相像。所以当我们想要有话就说，有话直说的时候，必须设法避免口没遮拦，以免令人避之惟恐不及。用口没遮拦的方式来沟通，是行不通的。不但沟而不通，而且影响到以后的沟通。

二、沟通之前，最好记取先说先死的教训，更应该反过来警惕不说也死。把先说先死和不说也死当作沟通的上下限，想办法在其中寻找合理的平衡点，以求说到不死。我们相信，只要调节到合理的地步，便能够说到不死。不要困惑于中国人骗来骗去的肤浅看法，我们"见人说人话，见鬼说鬼话"，不过是"看人说话"，机动加以调整，不可以存心欺骗，以免对不起自己。

三、不必避讳，沟通的目的在达成某种企图，否则就成为聊天。但是，率直地把企图表露出来，很难为对方所接受。我们通常会假借说明某种事物，测试对方的反应，再进而表达相当的感情，建立有利于进行企图的关系，不应该把这种过程，当做不诚实的表现，才能有效沟通。试试看，原本是一种好方法，叫做"尝试错误"。用在沟通上面，殊有必要，"千万不可忽视"。

当对方听不进去的时候，我们宁可暂时不说，也不要逼死自己。能拖即拖，并非完全没有道理。运用得合理，也是一种有效的沟通方式。说话的时候，必须时时提高警觉，不要逼死自己，把自己逼进死胡同里，动弹不得。

沟通要慎始善终

惟有慎始善终,才能有效地沟通。为求一开始就十分谨慎,最好的方式,便是提醒自己:先说先死。

中国人最明白"先说先死"的道理,所以见面不说正经话,专说一些没有用的闲话。深怕先开口,露出自己的心意,让对方有机可乘,徒然增加自己的苦恼。

我们有很多沟通方面的习惯,实际上都和"先说先死"具有十分密切的关系。

中国人为人处世的第一原则为"先隐藏实力",避免一下子全部曝光,也是由"先说先死"的痛苦经验所造成。"要到哪里去?"答案大多是"随便走走"或"没有"。"明天要不要去开会?"总是回答"还不一定"。"今天的会议,有什么结论?"居然也会回答"没有什么特别的"。听的人很生气,还不是气死活该!

多用心想想:为什么会先说先死?

我们再次提醒,先说先死固然是事实,但是长久以来,把中国人害得很惨,浪费了很多宝贵的时间,也养成不善沟通的坏习惯。我们想好先说先死的道理,赶紧反过来告诉自己:不说也死。

小华回家,不告诉父母明天老师开会,不必做作业。吃过晚饭以后,便一直看电视,把父亲惹火了,问:"做一个学生,可以不读书,不做作业,一直看电视吗?"

小华这时候才回答:"明天老师要开会,没有交代作业。难得一天这样,多看一些电视不可以吗?"

小华年轻不懂事,总认为自己很有道理,回答得理直气壮。殊不知小华如果回答得没有道理,父亲还可以骂他。如今回答得如此有道理,父亲更是下不了台,于是恼羞成怒地说:"好,老师没有指定作业,对不对? 来,把课本拿来,我出十个作业题给你做,免得你浪费时光,养成坏习惯。"结果小华哭哭啼啼,做到十点还没有做完。

部属常常受到上司的指责,然后才说明理由,上司没有面子,不但不肯认错,反而模糊了主题,骂到别的地方去。部属如此自作自受,实在怪不得上司。

访客一直不肯说明来意,主人干脆假装猜不出来。其实心中有数,早已料知对方来意,但是"你自己都舍不得说出来,我为什么要帮你说呢?"似乎也颇有道理。

中国人过分重视"先说先死",以致常常落得"不说也死"。不说也死的案例应该很多,不妨拿出来自我检视一番。先说先死和不说也死,构成沟通的两难。我们既然明白说也不好,不说也不好的困境,便应该设法加以突破。换句话说,最好能够"说到不死"。

"说到不死"便是发挥中国人高度的智慧,把"先说先死"和"不说也死"这两句十分矛盾的话,合在一起,不要分开来看。把矛盾化解掉,便能够走出一条统一的大道。合在一起想,不要顾此失彼,自然有路走!

巧用激将法

俗话说："树怕剥皮，人怕激气。""遣将不如激将"，一激之下，往往会达到意想不到的效果。

孟子说："一怒而天下定。"将激将法用到沟通中，如果运用得巧妙，往往可以让人改变原来的立场，化解分歧，达到目的。

诸葛亮就是用激将法来说服周瑜和他们联合起来一起抗击曹操的。当时曹操正率领大军南下，刘备根本无法与曹军抗衡，于是派出诸葛亮去东吴游说，希望得到东吴的帮助。

周瑜掌管着东吴兵马大权，诸葛亮深知要想得到东吴的帮助，首先要说服周瑜。但是周瑜和东吴方面都不想跟曹操发生战争，所以，诸葛亮打算用计谋说服周瑜。

在鲁肃的陪同下，诸葛亮见到了周瑜。周瑜听鲁肃汇报完当前的军事情况后，说道："在这种情况下，我认为应该投降曹操。"周瑜如此回答，也是为了试探诸葛亮的反应，想摸清诸葛亮来东吴的真实意图。

诸葛亮十分清楚周瑜的目的，他笑了笑说："东吴其实大可不必担心，你们只要把大乔、小乔两位美女献给曹操，曹操的百万军队自然就会无条件撤退。"接着，诸葛亮又高声朗诵起曹植写的《铜雀台赋》："从明后以嬉游兮，登层台以娱性；见太府之广开兮，观圣德之所营，建高门之嵯峨兮……"朗诵完《铜雀台赋》之后，诸葛亮解释道："这首赋是曹操在漳河修建铜雀台时，他的儿子曹植为了赞美父亲而作。这首赋的意思是说：在漳河如此风景秀丽的地方，修建了这座金殿玉楼，可谓是美之至极，一定要将东吴的大乔、小乔两位美女藏于此地。我想，对吴国来说，牺牲大乔、小乔来换取国家平安,就像是将两片叶子从大树上摘下来一样。所以,你们不妨将大乔和小乔送到曹营,这样,根本不用将军操心就能将问题解决了。"

周瑜听到诸葛亮的话后,勃然大怒,他将酒杯狠狠地掷在地上,大声骂道:"曹操这老贼,实在是欺人太甚!"随后,诸葛亮趁机向周瑜分析了天下的形势,更加坚定了周瑜抗曹的决心。第二天,周瑜便向孙权请战说:"主公只要授予臣精兵数万来攻打夏口,臣必定能大破曹军。"由此,诸葛亮成功地联合了吴国。

需要注意的是,激将法并不是简单的讽刺或者挖苦对方,而是要"别有用心"地使用刺激性语言来激发对方的斗志和勇气,从而达到激将的目的。

陈川是某初中二年级(1)班的班主任。他班里的学生都是十一二岁的少年,让他们课间安静地在教室看看书,真是件难事。

只要一下课,一部分学生立即冲出教室,在走廊上追逐、打闹,有时还是男女混杂,气焰嚣张,简直是无法无天。

在这群爱追逐疯打的"集团"中,有一个学生特别突出,名叫小欢。小欢特别活跃,除学习以外,其他的事情他都喜欢。只要下课铃一响,他就第一个冲出教室,先在走廊上跑一圈,再围着教室跑一圈。为了让他的学习成绩尽快赶上来,陈川多次对他进行批评教育,但效果不佳。

有一天,小欢又犯错误了,陈川把他叫到办公室,说:"通过老师对你的观察,认为你永远不可能在课间安静地坐在教室,更别说学习了。"小欢沉默了片刻,说:"老师,我觉得我能做到。"陈川又说:"我对你的话没信心,因为教育了你这么多次,你一点没听进老师的话!若你真能做到,每天给你加操行分2分。"小欢听后立即兴奋起来,并说:"老师,你等着瞧,我一定要做到!"

第二天,陈川下课之后,立即站在教室门口观察小欢,只见小欢端正地坐在座位上,什么也没做,眼睛却在四处搜寻老师。

这样坚持到了第三天,小欢坐不住了,开始在教室走动。见此情景,陈川把他叫回座位,告诉他可以在下课时看有益的课外书。接下来的几天,小欢都能安静地坐在座位上看书,陈川看在眼里喜在心头。后来,小欢开始利用课余时间学习,成绩有了明显的进步。

陈川利用激将法激发了小欢的上进心,最后收到了很好的效果。

但是,用激将法时一定要把握好分寸,操之过急则无法达到激将的目的。

在使用激将法时,首先要注意自然巧妙地进行引导,切记不可牵强附会,否则会弄巧成拙,适得其反。其次,还要看对方的个性和当时所处的环境,并不是所有的人都适合用激将法,所以激将法不可滥用。

不做口无遮拦的人

与人谈话要注意委婉周全,如果口无遮拦,直来直去往往会带来不良的效果,害人害己。

那么,在和同事、领导交流中,我们就一定要掌握说话、办事的艺术,什么话该说或不该说,要拿捏得准确。有时候,吃亏就是因为说了不该说的话。

邱先生在一家知名外企做事。有一次,项目经理告诉他,要给单位做一个宣传方案的策划,经过大家讨论后,邱先生完全按照项目经理的意思加班加点,并顺利完成策划。但是,当策划方案交到该项目主管那里后,他却被狠批了一通。

在领导面前,邱先生说,这方案是他们小组所有人讨论的结果,而且,他们项目经理也非常赞同,这个策划案60%都是项目经理的想法。可没想到领导直接把项目经理叫来,当面对质。主管领导追问项目经理:"听说这都是你想的,就这种东西还能叫方案,还值得你们那么多人来集体策划?我看你这个项目经理还是不要当了。"

从主管领导的办公室出来后,他又被项目经理狠批了一顿。项目经理告诫他,以后说话前动点脑子,别一五一十把什么都说出去。

可见有些话真不该说,正所谓话到嘴边留三分。而面对一些揭人短的老实话更是万万不能轻易说出口。

张小姐在国家某机关做办公室文员,她性格内向,不太爱说话。可每当就某件事情征求她的意见时，她说出来的话总是很伤人，而且她的话总是在揭别人的"短处"。有一次，同一部门的同事穿了件新衣服，别人都称赞"漂亮""合适"之类的话，可当人家问张小姐感觉如何时，她便毫不犹豫地回答说："你身材太胖，不适合。这颜色对于你这个年纪的人显得太嫩，根本不合适。"

这话一出口，原本兴致勃勃的同事表情马上就僵住了，而周围大赞衣服好的人也很尴尬。因为，张小姐说的话就是大家都不愿说的得罪人的"老实话"。虽然有时她也很为自己说出的话不招人喜欢而后悔，但她总是忍不住说些让人接受不了的实话。久而久之，同事们都把她排除在集体之外，很少就某件事再去征求她的意见。她也成了这个办公室的"外人"。

有些人不懂得说话时掌握分寸，"快人快语"在人际交往中容易得罪他人，会致使自己在人际关系上屡遭挫折。

千万要记住，不要以心直口快作为挡箭牌，心口一致固然好，但要留个把门的，该直则直，该婉则婉。即使需要直接对别人提出批评时，也应讲究方式方法，让对方理解你真是为他好，从而引起他发自内心的自我批评，才会起到批评的效果。

一天中午，查尔斯·施瓦布路过炼钢车间，发现几个工人在抽烟，而就在他们的头上，挂着一块写有"禁止吸烟"字样的牌子。这位老板怎么教训他的伙计们呢？痛斥一顿吗？拍着牌子说："你们不识字吗？"不，都不是。老板深谙批评之道，他走到这些人跟前，递给每人一支雪茄，说："年轻人，如果你们愿意到别处去吸烟，我将非常感谢。"

胆战心惊的工人们心里有数，头儿知道他们坏了规矩，但他什么也没有说，相反送给每人一支雪茄。他们感到了自己的重要，保住了面子，也因此而更加敬重自己的上司。这样的头儿谁会不喜欢呢？

同样，如果在谈话时能够灵活机警，则会同样带来意想不到的效果。

沟通力——借问酒家何处有

相传古时某布政使请按察使喝酒。席间,布政使因自己的儿子太多而表示忧虑。按察使只有一个儿子,又为儿子太少而发愁。一案吏在旁边说:"子好不须多。"布政使听了这话,于是说:"我的儿子多,又怎么办呢?"那位案吏回答说:"子好不愁多。"二人皆大欢喜,大加赞赏,一起举杯痛饮。

所以,一个心理成熟、懂得社交技巧的人应该知道,在什么时候该以怎样合适的方式说话。实话不一定要直说,而可以幽默地说、婉转地说或者延迟点说,私下交流而不是当众说,等等。同样是说实话,用不同的方式说,效果会有很大的不同。

魔力悄悄话

生活中有些人快人快语,有啥说啥,话无禁忌,不知道什么该说、什么不该说。如果是在一个熟悉的环境里,大家都知道你的个性,可能无所谓。但是,在陌生环境中,和你不熟悉的人想说什么就说什么,不分场合、不分对象是绝对不可以的。

第八章
沟通也有技巧

　　沟通是一门艺术，不论您的目的是为了自信地演说、轻松地谈判，还是愉快地销售，它都将协助您增进传递信息——沟通的技巧。

　　交流沟通是人类行为的基础。但是，您的交流沟通是否能准确传达出您的愿望、或对某事不予赞同的态度？成功与否，与其说在于交流沟通的内容，不如说在于交流沟通的方式，说明了沟通是由技巧性的。

　　在交际中，我们对每一次交谈的话题都应该精心选择，不应随心所欲地张口就来，否则，在还未进入交谈内容时，就已经危机四伏了。

选对方感兴趣的话题

要寻找话题并不是一件很困难的事。因为,在你的生活环境中,只要能看得到的东西,都可拿来当做话题,例如,报纸、网络、电视,等等。

我们在和朋友家人一起聊天的时候,话题总是源源不绝。但是,为什么一遇到陌生人,就变得头脑空白,说不出话来呢?

俗话说得好,"一回生,二回熟"。如何衡量同陌生人第一次谈话的成败,首先要审视交谈的话题,因为话题的好坏,直接影响交谈的结果,是交谈的第一要素,不容轻视,更不能忽视。一般情况下,谈话要选择一些容易引起对方兴趣的话题,这样有利于创造一个轻松活跃的谈话氛围,使交谈得以深入,友谊得以发展。

但在具体选择这些话题时,要顾及谈话对象。一个话题,只有让对方感兴趣,谈话才有维持和继续的可能。比如,自己是球迷,就切莫以为别人都是球迷。逢人就谈球赛,遇到对球不感兴趣的人也大谈特谈,就会让对方感到索然无味、失去兴趣。

现代年轻人的话题总是局限于流行的服饰、时代的潮流等,有的人除了流行以外,对其他的话题都不感兴趣,这种做法已限制了话题的范围。那么怎样才能既让自己成为说话的高手,又成为受人欢迎的人呢?

美国女记者芭芭拉·华特,初遇美国航空业界巨头亚里士多德·欧纳西斯时,见他正与同行们热烈讨论着货运价格、航线、新的空运构想等问题,芭芭拉没法插上一句话。在共进午餐时,芭芭拉灵机一动,趁大家谈论业务中的短暂间隙,赶紧提问:"欧纳西斯先生,您在海运和空运方面都取得了伟大的成就,这是令人震惊的。您是怎样开始的? 当初您的职业是什么?"这个话题一下叩动了欧纳西斯的心弦,他立即同芭芭拉侃侃而谈起来,动情地回顾了自己的奋斗史。

选择话题,除了注意对方的需求外,还要小心避开对方的禁忌,尽量选择"安全系数大"的话题。每个人除了有若干"禁区"外,还存在"敏感地带",谈话中都应当小心避开。譬如,不幸者忌谈他遭受不幸的往事,失恋者忌谈爱情与婚姻问题,残疾人的家庭忌谈家中的那位残疾者等等。对于一些很难处理的"敏感话题",一般要尽量避而不谈。

某文艺编辑曾讲过一段故事。他邀一位名作家写稿,该作家非常难合作,各报社的编辑都对他大伤脑筋。因此,这个编辑在见面前也相当紧张。一开始果然不出所料,各说各的,怎样都谈不拢。闹得编辑很是头痛,只好打定主意,改天再来。

这一次,编辑把几天前在一本杂志上看到有关作家近况的报道搬出来,并说:"您的大作最近要翻译成英文,在美国出版了。"作家见对方如此关心自己,就很感兴趣地听下去。编辑又说:"您的风格能否用英文表现出来?"作家说:"就是这点令我担心……"他们就在这种融洽气氛中继续谈下去。

本来已不抱希望的编辑,此时又恢复了自信,获得了作家答应写稿的允诺。

我们可以看出,在交谈中处于劣势的一方,常常是寻找话题的责任者。例如,在求人办事的过程中,求人者需要仔细挑选交谈的话题;在谈生意的过程中,希望合作的一方则有选择交谈话题的义务;至于在情侣的交谈中,往往会听到男人喋喋不休地谈论这种或那种事,单位如何如何,如果这对恋人是在同一个单位服务的话,这倒是个很不错的话题。否则,一定会使女方觉得无味。例如,假若男方是在汽车保养场工作,于是他一直谈着汽车零件或机械构造方面的事,那一定会使女性听得发呆,而不知应从何答起。

因此,聪明的男人应该站在关怀对方的立场去和对方交谈,尤其是采取主动的男人更应该注意,无论如何,关怀对方总会令对方觉得愉快。另一方面,作为被动一方的女性,对于不懂的话题,也不要显出漠不关心的样子。虽然,这是个很不好应付的场面,但原则上,只要你对每一件事都具有强烈的好奇心,那就不会有不感兴趣的话题出现。

总结起来,以下几种话题,容易引起大家的谈话兴趣:

(1)与谈话者自身利益密切相关的话题;

(2)与谈话者兴趣、角色相关的话题;

(3)具有权威性的话题;

(4)新奇的话题;

(5)某些特殊的话题;

(6)社会和他人禁锢、保密、敏感的话题。

在与陌生人打交道中,你跟人交谈时是如何选择话题的,不妨为自己打打分。

与医生、律师等专业人士交谈,在他们工作以外的时间里,不宜谈过分具体的专业话题,如什么病该怎么医治,什么纠纷该怎么处理等。同要员交谈,往往忌谈政治、宗教和性的问题。

避免直接面对锋芒

有时，言语的狂风，常常会伴着飞沙走石，狂烈地向我们奔来。我们要处乱不惊，敏锐地避开沙石的袭击，巧妙地迎接风的来临！

与别人谈话时，有时难免会遇到被质疑或被刁难的情况，选择避实就虚，往往可以带来转机。

美国在日本投下两颗原子弹后，原子弹的巨大威力在国际社会引起了强烈反响。这时美国媒体开始关注同样拥有原子弹技术的苏联。苏联到底有多少颗原子弹成为美国新闻媒体的焦点话题。因此，当苏联外交部长莫洛托夫到美国访问时，美国记者迫不及待地问道："部长先生，请问苏联现在有多少颗原子弹？"这一问题明显涉及了国家机密。虽然莫洛托夫有些不快，但是为了避免其他记者在这一问题上纠缠不清，他回答道："足够！"

这一巧妙的回答，既避开了问题的话锋，保守了国家机密，又回答了记者的问题，并且还显示了苏联国力的强盛，可谓一箭三雕。

生活中，面对别人的挑衅，如果不想把双方的关系搞僵，不想把场面搞得太尴尬，避实就虚也是个不错的办法。

王立是某县公安局的侦探科科长，他手下有个姓顾的副科长，自恃有背景和学历，有些不把王立放在眼里。

一次开会时，顾副科长装作不经意地说起："唉，时间过得真快啊，转眼之间我从国防大学毕业已经7年了，一直没有回去看看。哎，王科长，你毕业后回过你的大学吗?"王立是部队转业干部,根本没有读过大学,他知道顾副科长这样说是想让自己难堪。他微微一笑,不慌不忙地说:"我自从来到这里工作就没有离开过,因为实在是任务重、责任大,还要管理手下这一批人,我都恨不得学会分身术呢! 这不,上级又派下一项任务,我看,这次需要你多出力啦,你的学历这么高,应该没有问题吧!"

顾副科长想让王立当众出丑的愿望落空不说,还被迫接手了一项艰巨的任务,真是有苦难言!

遇到这种情况时,避实就虚,不但能让自己摆脱困境,变主动为被动,还可以将问题的重点转移,从而达到回击对方的目的。

民国时期,东北奉系军阀的统帅张作霖,对付日本人很有一套,所以日本人对他又恨又怕。

有一次,张作霖应邀参加一个宴席时,几个在场的日本人知道张作霖出身土匪是个粗人,对字画之类是一窍不通,于是故意刁难他,请他即席作一幅字画赠给他们。

张作霖虽然性情粗狂,却是个明白人,他知道这些日本人是不怀好意的,目的是想让他当众出丑。然而张作霖非常爽快地答应了日本人的要求。只见他走到桌前,大笔一挥在宣纸上写下了一个"虚"字,然后落款"张作霖手黑"。

这让在场的客人们都面面相觑,一时之间不能理解其意,几个日本人更是摸不着头脑。这时,张作霖的秘书立刻反应过来,他连忙在张作霖耳边低声提醒道:"大帅,您的'墨'字下边少写了一个'土'。'手墨'写成了'手黑'。"

这时在场的很多了解张作霖的中国客人也很快明白了事情的原委。正当大家为张作霖如何收场而担心时,只见他拍了拍秘书的肩膀,然后大声训斥说:"你以为我不晓得这个'墨'字下面还有个'土'字吗? 我这是故意少写的,因为这是日本想要的东西,我这叫'寸土不让'。"

这一番话,立刻博得了满堂喝彩,众人纷纷拍手叫好。几个日本人不但没有达到让张作霖出丑的目的反而被张作霖羞辱了一番，最后只得灰溜溜地离去。

当我们面临困境时，一定要冷静分析，做到处变不惊。必要的时候，选择避实就虚。这样，就可以避开正面的攻击，达到全身而退或者击败对方的目的。

古语说得好：避实就虚，巧妙化解锋芒。后发制人，往往就能抢占回先机，赢得谈话的主动权。这一策略运用得好，可以收到意想不到的效果。

懂得如何去拒绝

说话要讲究语言的艺术,而拒绝恰恰体现出语言艺术的最高境界。因此对人说"不"的时候,意思一定要明确,防止不必要的误解。

学会拒绝是人生应具备的基本功之一。唯有恰当地拒绝一些不必要的干扰,我们才能集中精力,去完成更为重要的事情。

当我们想拒绝别人时,心里总是想:"不,不行,不能这样做,不能答应!"可是,嘴上却含糊不清地说:"这个……好吧……可是……"有时还会习惯性地认为,拒绝别人的要求是一种不良的习惯。

因此,在很多时候,还没来得及听清别人的要求是什么,就心不在焉地答应了,常把自己推入两难的境地。因此我们要有效地把握自己的语言顺序,学会适当地拒绝别人。但是过于直率地拒绝每一个问题,永远说"不",很容易得罪人,不利于待人接物,这就需要我们掌握拒绝的技巧。

时刻准备好说"不"

那些在别人不论提出多不合理的要求时都很难说"不"的人,通常是由于以下原因造成的。首先对自己的判断力缺乏自信,不知道什么是自己应该做的,什么是别人不期望自己做的。其次渴望讨别人喜欢,担心拒绝别人的请求会让人把自己看扁了。最后是自卑作怪,因而把别人看成是能控制自己的"权威人士"。然而,不论出于何种理由,这些不敢说"不"的人通常承认自己为感情所支配。不管过去的经历如何,他们从未在别人提出要求时有一个准备好的答复。

用沉默表示拒绝

当别人问:"你喜欢某某吗?"你心里并不喜欢,这时,你可以不表态,或者一笑置之,别人即会明白。一位不大熟识的朋友邀请你参加晚会,送来请帖,你可以不予回复。它本身说明,你不愿参加这样的活动。

用拖延表示你的拒绝

一位女孩想和你约会。她在电话里问你:"今天晚上去看电影,好吗?"你可以回答:"明天再约吧,到时候我给你打电话。"

一位客人请求你替他换个房间,你可以说:"对不起,这得由值班经理决定,他现在不在。"

你和妻子一起上街,妻子看到一件漂亮的连衣裙,很想买。你可以拍拍衣袋:"糟糕,我忘了带钱包。"

有人想找你谈话,你看看表:"对不起,我还要参加一个会,改天行吗?"

用回避表示拒绝

你和朋友去看了一部无聊的喜剧片,出影院后,朋友问:"这部片子怎么样?"你可以回答:"我更喜欢抒情一点的片子。"

你觉得你正发烧,但不想告诉朋友,以免引起他们担心。朋友关心地问:"你试试体温吧?"你可以说:"不要紧,今天天气不太好。"

选择其他话题说出"不"

当别人向你提出某种要求时,他们往往通过迂回婉转的方式,绕个大弯子再说出原意,如果你在他谈到一半时就知道了他的意图,并清楚自己不能满足他的愿望时,你不妨把话题岔开,说些别的,让他知道这样做只会让你为难,他也就会知难而退了。

友好地说"不"

你想对别人的意见表示不赞成时,要注意把对意见的态度和对人的态度区分开来,对意见要坚决拒绝,对人则要热情友好。

一位作家想同某教授交个朋友。作家对教授热情地说:"今晚我想请你共进晚餐,你愿意吗?"不巧教授正忙于准备学术报告会的讲稿,实在抽不出时间。

于是,他亲热地笑了笑,带着歉意说:"对你的邀请,我感到非常荣幸,可是我正忙于准备讲稿,实在无法脱身,十分抱歉!"

巧妙地说"不"

当一个你并不喜欢的人邀请你吃饭或游玩时,你可以有礼貌地说:"我老妈叫我和她一起去看姥姥呢!"这种说法在隐藏了个人的意愿的同时,大大减轻了被拒绝一方的失望和难堪。

用搪塞辞令拒绝

外交官们在遇到他们不想回答或不愿回答的问题时,总是用一句话来搪塞:"无可奉告。"生活中,当我们暂时无法说出具体的答案时,也可用这句话。还有一些话可以用来搪塞:"天知道"、"事实会告诉你的"等。

用幽默方式说出"不"

在罗斯福还没有当选美国总统时,曾在海军担任要职。一天,一位好友出于好奇向罗斯福问起海军在加勒比海一个小岛上的建设基地的情况。罗斯福神秘地向四周看了看,对着朋友的耳朵小声说:"你能保密吗?""当然能,谁叫咱们是朋友呢?"朋友挺有诚意地回答。"我也能,亲爱的。"罗斯福一边说,一边对朋友做了个鬼脸,两人大笑起来。

可见,如果以幽默的方式说"不",气氛会马上松弛下来,彼此都感觉不到有压力。

学会委婉地拒绝,恰当地说"不"并不是一件难事。只要掌握了上面的几种方法,用最理想的方式表达自己的否定想法,并把它融入到实际生活中,一定会对自己的人际交往有所帮助。

魔力悄悄话

与人沟通时,如果直接拒绝对方的要求或请求,难免让对方尴尬;如果间接指出、巧妙暗示对方,则会收获对方的认可。在日常交往中,借用暗示来巧妙地回答别人的问题,让人思而得之,比直接拒绝要好得多!

如何应对烫手的山芋

带刺的言语犹如烫手的山芋，让人难以触碰。如果我们把角度进行转移，巧妙地给对方一个回应，就能够不动声色地摆脱困境。

美国上将巴顿将军说过，在战争中，最好的方式就是反击，沟通也是一样。很多人在遇到对方的故意刁难时，往往不知所措，有时甚至会因一时的恼怒而说出不得体的气话。这样不仅有损自己的颜面，也解决不了任何问题，这时最好的办法就是冷静下来，机智地进行反击。周恩来总理就是利用自己雄辩的口才和快速的思维，在这方面为我们树立了榜样！下面，就让我们一起回顾他在外交舞台上的风采！

新中国成立初期的一个外交场合上，一个西方记者故意刁难周总理，他提问道："总理先生，请问贵国现在还有没有妓女？"在场的人听到这个问题后，都感到奇怪："他为什么会提出这样的问题？"所有人都很关注周总理如何应对如此刁钻的问题。可周总理却很淡然地用肯定的语气说："有！"此语一出，全场哗然，人们议论纷纷。周总理接着又补充了一句："中国的妓女在台湾地区。"顿时，全场掌声雷动，为总理的绝妙回答而喝彩。

周总理的回答既揭穿了对方意欲分裂中国领土的险恶用心，也反衬出大陆良好的社会风气，有效地维护了祖国的尊严和完整，赢得了人们的欣赏和赞叹！

在一个美国官方代表团访华时，一名美国官员傲慢地说："中国人喜欢低着头走路，而我们美国人却总是抬着头走路。"周围的人听后都大吃一惊。周总理却不慌不忙，面带微笑地说："这并不奇怪。因为我们中国人喜欢走上坡路，而你们美国人喜欢走下坡路。"

周总理的反击让中国人扬眉吐气，同时还让美国人领教了什么叫做真正的智慧，最终尴尬、窘迫的是美国人自己。

一位美国记者在采访周总理时，无意中看到总理桌子上有一支美国产的派克钢笔。那记者抓住这个小问题问道："请问总理阁下，你们堂堂中国人，为什么还要用我们美国产的钢笔呢？是不是因为我们的产品质量更好一些呢？"周总理听后，风趣地说："这支钢笔说来话长，它是一位朝鲜朋友的抗美战利品，作为礼物赠送给我的。我本来觉得无功不受禄，就拒收。但是，朝鲜朋友说，留下做个纪念吧。我觉得也是，就留下了这支贵国的钢笔。"美国记者一听，顿时哑口无言。

这位记者的本意是想挖苦周总理——使用美国进口的钢笔，但是到头来却搬起石头砸了自己的脚，有苦也只好往肚子里咽了。

周总理的反击看似云淡风轻，却带有雷霆万钧的力量，一下子就能压倒对方，变被动为主动，让对方哑口无言、自取其辱。周总理用自己的智慧，维护了祖国的尊严。

在日常沟通和交流中，如果你突然面临刁难，也要学习总理。首先不要慌张，保持一颗清醒的头脑，再通过有效的反击，给对方以致命的打击。**我们通过言语的力量，也一定能够保护自己，让自己赢得尊重，赢得理解，赢得支持！**

将话说到滴水不漏，显然不是一件容易的事情。并不是每个人天生都有这样的本事，所以很多时候，还是需要学习和练习，相信经过个人有意识的锻炼和培养，一定能够达到这种境界！

和内向的人做朋友

沉默的人通常喜欢闭着嘴,想要撬开他的嘴巴,就要主动发问。通过有效的引导,带动对方积极的沟通!

在人际交往中,我们常常会碰到不大爱说话的人。他们习惯沉默不语,和他们搭上话实在有些困难。如果两个同样不爱说话的人碰到一起,那情形真叫尴尬,现场可以用"鸦雀无声"来形容。相信这种情况有很多人都深有体会。

小张是一个性格内向,老实又木讷的人,平常在公司里踏踏实实干活,很少说话,从不引人注意。有一次公司派小李和小张一起出差办事。在火车上,小李和小张的铺位刚好是并排。两人简单地寒暄了几句之后,双方就开始"大眼瞪小眼"。小李觉得这种尴尬的气氛让人窒息,他实在受不了,于是想找点话题。突然,他瞥见小张的手机屏幕是约翰尼·德普,于是借机说:"小张!你喜欢看《加勒比海盗》吗?"小张一听,顿时有些激动:"喜欢!你怎么知道的?"小李说:"我猜的,哈哈!我也很喜欢约翰尼·德普!"就这样,小张的话匣子被渐渐打开,他开始给小李讲了很多约翰尼·德普有趣的事情,两人聊得非常投机。

小李以"明星"为话题,迅速地拉近了与同事小张之间的距离,从别人感兴趣的话题发问,换来的是别人对你感兴趣。当你面对一个人时,如果想打破和对方之间沉默的尴尬,迅速拉近距离的最好办法是谈论对方所熟知的事情。如此一来,对方会对你的关心与询问表示感激。

耶鲁大学文学院前任教授菲尔普斯八岁的时候就明白了主动发问的好处。有一天，小菲尔普斯在姑妈家度假，来了一位中年客人。寒暄后，来客发现小菲尔普斯在玩帆船，于是便以帆船为由和小菲尔普斯讨论起来，"你手上拿的是风浪板帆船吗？"中年人的提问勾起了菲尔普斯的兴致，"是的，帆船除了风浪板还有轻舟型和大小舱型。"接着，他们开始以帆船的种类为话题交谈了起来，相谈甚欢。中年人走后，菲尔普斯对他记忆犹新，他对姑妈说："他对帆船很关注，刚才问了我很多关于帆船的问题，人真不错！"姑妈说："那人是律师，应该对帆船没兴趣吧！他是一位有修养的绅士，为了和你交朋友，就迎合你感兴趣的话题，陪你聊帆船就是如此。"

主动发问，引导他人打破沉默的方法还有很多。再比如，可以从自己对对方初次的印象说起，打开对方的心扉；也可适当袒露自己的心声，引起对方的"回报效应"；还可以从对方最近的生活谈起，在话家常中拉近彼此的距离。

陌生人对我们的吸引之处正是我们对他的一无所知。只要你主动开口打破沉默，你就能无拘无束地与人交流，扩大自己的交友圈。

沟通时学会问问题

人与人交谈离不开提问。精妙的提问不仅可以使你获得信息和知识，同时还可帮助你了解对方的需要和追求，从而达到人与人之间的沟通、交流和互助，促成事业的成功。但是，同样的一个要求，若用不同的语言提问，收到的效果肯定不一样。

用什么样的语言提问才能达到沟通的效果呢？

注意因人而异

俗话说：到什么山唱什么歌。同样，提问也应见什么人发什么问。这是因为：

1. 人有男女老幼之分，该由老人回答的问题，向年轻人提出就不合适，该向男性提出的问题，也不能叫女性来回答。如果对一位正感年华似水、老之将至的女士提出一个看似很平常的问题："您今年多大年龄？"尽管你毫无恶意，也定会惹得她恼怒不已。

2. 每个人都有自己独立的性格色彩。有人性格外向、性情直率，对任何问题几乎都能谈笑风生，畅所欲言；有人寡言好思，情绪不外露，但态度比较严肃；也有人讷于言辞，孤僻自卑，对任何问题都很敏感，甚至有点神经质。对性格外向的人，尽管什么问题都可以提，但必须注意提得明白，不要把问题提得不着边际，否则很容易使谈话"走题"；对寡言好思的人，要开门见山，简洁明了，提问要富有逻辑性，尽量提那种"连锁式"问题。比如："你为什么会这样呢？""后来呢？"等等。这样可以促使他源源不断、步步深入地谈下去；对那种敏感而又讷于言辞的人，要善于引发，不宜一开始就提冗长、棘手的问题，通常以他喜欢的话题，由浅入深，据实发问，启发他把心里话说出来，但必须注意，决不能向他提出令人发窘的问题。

3. 人的知识水平和所处的社会环境各有千秋。因此必须仔细观察、了解对方身份，把问题提得得体，不唐突、莽撞。如果你跑去问一名并不熟悉烹饪技术的宇航飞行员，应该如何烹制才能使做出的菜美味可口，就肯定不会如愿以偿。这表明，提出的问题必须根据对方的知识水平、职业情况及社会地位等进行合理分配，该问甲的不要问乙，该问乙的不要问丙。

掌握最佳时机

提问并不像逛大街、上市场那样随时都可进行，有些问题时机掌握得好，发问的效果才佳。

有两个过去很要好的朋友都刚刚走上工作岗位，一个偶然的机会他们相遇了，互相询问："你们单位待遇怎样？你工资多高？谈恋爱了吗？"显得既亲热自然，又在情理当中。但是，如果一位姑娘经人介绍与一位从未见过面的小伙子谈恋爱，两人在公园门口准时赴约了，沉默了一会儿，姑娘抬起头来问："你谈过恋爱吗？工作轻松吗？工资多少？"其结局就可想而知了。

一般来说，当对方很忙或正在处理急事时，不宜提琐碎无聊的问题；当对方正专心欣赏音乐、文娱节目或体育比赛时，不宜提与这首音乐、这场文娱节目或体育比赛无关的问题；当对方伤心或失意时，不宜提太复杂、太生硬、会引起对方不愉快的问题；当对方遇到困难或麻烦，需要单独冷静思考时，最好不要提任何问题。

问题提得具体

那种大而泛的问题，往往叫对方摸不着头脑，因而也就不可能回答好。相反，问题具体了，反而可以引导对方的思路，从而得到满意的回答。

讲究逻辑顺序

如果你要就某一专题性问题去请教别人，则必须按事物的规律，先从最表面、最易回答的问题问起，或者先从对方熟悉的事问起，口子开得小些，然后逐渐由小到大、由表及里、由易到难提出问题，并注意前后问题间的逻辑性。这样才有助于问题的逐步深入，并便于对方回答，不至于一开口便为难卡壳。同时,也有助于自己理解对方的谈话,便于从中总结出规律性的东西。

保持灵活态度

发问不仅仅是口才的问题,还是一个人的思维能力问题。提出一个问题后,你要仔细聆听对方的谈话,并注意观察对方谈话中的一切细节,积极开动脑筋,去发现新的问题,新的疑点,并立即抓住,追问下去,弄个水落石出。

此外,你还要注意对方回答问题的态度,一旦发现他有意避开某些东西,你可以打断他的话,试探他的反应,也可以用眼睛带着双关的意义盯住他,持续一段时间,直到使他变得不安为止。这时,他往往会在无意中脱口说出你最希望得到的东西。

准备多种提问方式

同一个问题,必须准备多种提问方式。提问方式一般分以下几种:

正问:开门见山,直接提出你想了解的问题。

反问:从相反的方面提出问题,令其不得不回答。

侧问:从侧面入手,通过旁敲侧击,迂回到正题上来。

设问:假设一个结论启发对方思考,诱使对方回答。

追问:循着对方的谈话,打破砂锅问到底。

应该知道,不是任何人一开始就愿意如实回答你所提的问题的,他们往往用"无可奉告""我也不大清楚"等词来推托你的问题。所以,应该准备多种提问方式。

当他坚决表示无话可说时,你就装成误解了他的样子,转而用另一种方式提问,如此反复。如果他拒绝回答,你可以设想一个令其为难的结论,请他指导,一旦他开了口,你就可以步步紧逼,追问到底了。

措辞要得体

为了表达明确,避免造成麻烦和误解,提问时仔细选词择句是很重要的。我们必须寻求最佳的表达方式。诸如"你有什么理由可说?"这类问题,很容易引起对方的不悦,但如果换一种措辞:"你对此事有何感想?"就可以使谈话继续下去。

语气和语调亲切自然

必须时刻记住:对任何人提任何问题都要努力制造一种亲切友好、轻松自然的气氛,绝对不可以用生硬的或审讯性的语气和语调。否则,不但容易影响对方的情绪,还会破坏双方之间的关系,导致提问的彻底失败。

要与人沟通就要主动与人交谈,提问就是一种主动的方式,它可以打开沟通之门,让你获得你想了解的东西。要注意的是提问的范围,不要过多涉及人们不愿回答的问题。

将计就计变主动

有月亮的时候，就不会有太阳。一旦我们被阳光照耀，就永远不会同时被月光笼罩……

在日常生活中，如果遇到别人的刁难，我们可以将计就计，利用对方逻辑上的漏洞，让别人左右为难，从而变被动为主动。

1978 年，美国国务卿基辛格向记者团介绍苏美两国关于限制战略武器谈判的情况。这时，有记者问基辛格："请问先生，美国有多少导弹潜艇在配置分导式多弹头导弹？"此事明显涉及了国防机密，是绝对不应该说出来的，但是怎么拒绝呢？基辛格灵机一动，机智地答道："我不确切知道正在配置分导式多弹头的'民兵'导弹有多少，但导弹潜艇的数目我是知道的，但不知这个数字是否保密？"那位记者急于知道答案，连忙答道："这个不是保密的。"基辛格听到后，马上说："既然不是保密的，那你说是多少呢？"记者听到这里，哑口无言，再也不能追问下去了。

基辛格运用的就是一个两难推理：如果潜艇数字是保密的，那么我便不能说出；如果潜艇数字不是保密的，那么，大家都会知道，我也自然不必说出。所以，不管潜艇数字是不是保密的，我都可以不用说出！

两难推理的关键在于找到对方逻辑上的漏洞，并借用这个漏洞，进而以对方的逻辑来反驳对方，最后让对方陷入两难的境地。

从前，古希腊有个国王，他想一次处死一批囚徒。那时候，处死囚徒的方法有两种：一种是砍头，一种是用绳绞死。

国王派剑子手向囚徒们宣布道:"国王陛下有令——让你们任意挑选一种死法,你们可以任意说一句话——如果说的是真话,就绞死;如果说的是假话,就砍头。"

反正是一死,大部分囚徒顾不得多想,就很随意地说一句话。结果不是因为说了真话而被绞死,就是因为说了假话而被砍头。

在这批囚徒中,有一个很聪明的人。当轮到他来选择处死方法时,他忽然巧妙地对国王说:"你们要砍我的头!"

国王一听感到很为难:如果真的砍他的头,那么他说的话是真话,而说真话是要被绞死的;但是如果要绞死他,那么他说的"要砍我的头"便成了假话,而假话又是应该被杀头的。他的话既不是真话,又不是假话,也就既不能绞死,又不能砍头。

国王只能挥挥手把他放了,从那以后国王再也不用这种形式让死囚选择行刑的方式了。

当然,我们还可以根据情况的不同,来为对方设置一个逻辑圈套,让对方不得不接受你的观点。

古印度有一位皇帝很自负,有一次他郑重其事地向天下臣民昭告:如果有臣民能讲一个他从没听过的故事,他就会将自己的女儿嫁给他。此话一出,引得全国男人蜂拥而至,尤其是朝内的贵族公子,每天都准备精彩的故事献给皇帝。

但是,每次有人讲完故事,皇帝都说自己听过了,就这样,始终没有人能娶到皇帝的女儿。有一天,来了一位很聪明的农民,他跟皇帝说:"我讲一个真实的故事给陛下听,不知您有没有听过?"皇帝很好奇,马上让他讲。农民说:"陛下,从前你爷爷和我爷爷是非常要好的朋友,他们一起玩耍,一起做生意,那时我爷爷很有钱,你爷爷因为做生意向我爷爷借了10块金币,他向我爷爷许诺,发达之后,要您将金币还给我并将您女儿嫁给我,陛下,这个故事您有没有听过啊?"

皇帝一下哑口无言,只好乖乖地将女儿嫁给他。因为皇帝如果说听过，按照他爷爷的许诺，不但要还金币而且要嫁女儿；如果说没听过，那么，按照自己的许诺，只需要把女儿嫁给他即可。

生活中难免会遇到一些"刁难"的情况，我们不妨认真地分析，进行有效地推理，从而让对方陷入两难的境地，左右为难，而自己的目的便可以自然而然地达到。

逻辑上的漏洞即为悖论，悖论最考验一个人的口才能力。你说的话如同一个陷阱，吸引别人按你的陷阱去感觉、去做、去想，把你的思路导入别人的思维。这样对方落入陷阱中也无法自拔。

第九章
借力来沟通

借物言志,可以表达当面不方便说的意思,可以传达比语言更深厚的情意,可以言有尽而意无穷。

正所谓"索物以托情,谓之比,情附物也"。物与情结合,加之媒介的作用,使得人们之间的沟通更加精彩。

在现实生活中,我们常会遇到这种情况:一句诚实、有礼貌的语言,可平息一场不愉快的争吵;一句粗野污秽的话,可导致一场轩然大波。

"良言一句三冬暖,恶语伤人六月寒"就是这个道理。

借助礼仪来沟通

在拥挤的闹市常常遇到这样的事：一个人不小心撞了另一个人，这个人如果马上诚恳地向对方表示歉意，说声："对不起"，被撞的人虽然可能还不高兴，却也能立即表示谅解："没关系！"同类情况，有时却会出现另一种局面：撞人者无动于衷，被撞者骂骂咧咧，于是开始了一场舌战："你瞎眼啦？干什么撞人？""你才瞎眼呢，没看见人多挤嘛！怕人撞，坐小汽车去！"你争我吵，闹得不可开交甚至可能演变为拳脚相加。

同一件事，为什么有截然不同的态度、截然不同的结果呢？很简单，只因为前者知礼，后者不知礼而已。

很多人对提倡讲礼貌没有足够的重视，不以为然。他们说："搞那些形式客套有啥用？""都是些生活小事，细枝末节，不值得三番五次地宣传。"这种认识是错误的。礼貌是人们共同遵守的一种行为规范和道德准则，它是通往相互友好和尊重的一道桥梁。

吴松云是一电器公司的推销员。他去拜访客户时，大声而粗暴的开门习惯影响了客户对他的第一印象。

对方的接待人员或秘书将他带到会客室中，他心里还在想如何在见到对方时给对方一个好印象。可是秘书已经将他开门不礼貌的信息传达给老板。

"老板，客人来了。"

"哦，他还挺准时的，我马上去，我准备准备，他是什么样的人呢？刘小姐，谈谈你的第一印象。"

"老板,不好说。看他衣冠楚楚,也挺守时,可他开门的声音太大了,显得粗暴、不太礼貌。"

"哦……"

老板这样"哦"了一声,可能便决定了会谈的失败,轻者则影响会谈的效果。这样在未见面之前便让别人对你带着一种看法,给对方一个不好的印象。

礼貌待人,这个道理许多人都很清楚,也很明白,也时常这样来要求别人,可自己做起来却并不一定完美、轻松。这是一个习惯问题。所以我们必须从平时的一点一滴做起,加强修养,同时更重要的是小心谨慎地来培养好的习惯。

有的人时常或不小心"嘭"的一声把门推开或关上,发出大的响声,给人的印象不是开门或关门而是在撞门,这是极不礼貌的人。所以开关门用力要轻些,用力过猛便会使房门碰撞墙壁发出大的声响。但也不能用力过小,半天开不开,而给人一种畏畏缩缩、鬼鬼祟祟的不良印象。因此,对开门关门动作的轻重,可以看出一个人的修养、内涵和水平来,也反映了一个人的精神面貌,更重要的是,直接影响到对方对自己的印象好坏,所以要格外注意。下面的一些小细节是我们应该注意的:

不要当众搔痒

大家都知道搔痒的举止不雅。

搔痒的原因多是由于皮肤发痒而引起的。其中有些属于病理的原因,例如,体质过敏,皮肤好起疹,有时奇痒难忍;有些属于生理的原因,如老年人因皮脂分泌减少,皮肤干燥,也容易产生搔痒。在出现这类情况时,当事者要按所处的场所来灵活掌握。

如处在极严肃的场合,就应稍加忍耐;如实在忍无可忍,则只有离席到较隐蔽的地方去搔一下,然后赶紧回来。因为不管你怎样注意,搔痒的动作总是猥琐的,总以避人为好。尤其有些人爱搔痒纯粹是出于习惯且无意识,只要人稍一坐停就不断用手在身上东抓西挠,这些不好的细节,应尽量克服。

要防止发自体内的各种声响

生活经验告诉我们,任何人,对发自别人体内的声响都不太欢迎,甚至很讨厌。诸如咳嗽、喷嚏、哈欠、打嗝、响腹、放屁等等。当然,这些声响有的只在人们犯病或身体不适时才有,例如,打喷嚏,常常是在一个人患感冒的时候才发生。

当出现这种情况时,正确的做法是用手帕掩住口鼻以减轻声响,并在打过喷嚏后向坐在近旁的人说声"对不起"以表示歉意。但是,有的却也是由于习惯所造成,主要是因本人不重视、不关心别人的感受所致。比如,有些人在大庭广众之下,不断打哈欠或者连连放屁,竟然也不脸红。像这样就是很不好的习惯了,应当注意改正才是。

不要将烟蒂到处乱丢

许多人都反对抽烟,究其原因,与不少抽烟者缺乏卫生习惯不无关系。有些吸烟者往往不注意吸烟对别人所造成的不便,他们不了解,不吸烟者除了害怕烟味会引起呛咳外,随风吹散的烟灰也使人感到不舒服,有时带有余烬的烟蒂还容易引起事故。这些都使不吸烟者有一种自发地抵制吸烟的情绪。所以,如果吸烟者随意处置吸剩的烟头,将它们丢在地上用脚踩灭,或随手在墙上甚至窗台上揿灭等,这些细节都是很令人讨厌的。对此,也必须自觉加以纠正。

失礼、不讲礼貌的问题绝不是小事,虽然比起一些违法乱纪的事,它不算大,但从这种"小事"里,往往可以窥见一个人的内心世界,衡量出他的品德和文化修养的高低。

借助网络或贺卡来沟通

新年到了,寄张贺卡表祝福;朋友的生日到了,寄张贺卡表心意;朋友结婚,寄张贺卡表示祝贺……贺卡传情达意,已经成为现代人交流感情、传递祝福的一种重要方式了。

甜儿20岁生日那天,收到了琳琅满目的生日礼物:玫瑰花、蛋糕、化妆品、皮包、帽子、丝巾……应有尽有。

她高兴地拆了一样又一样。其中有一个特别小巧精致的盒子,她小心翼翼地拆开一看,竟是一张贺卡,上面是亲手描绘的一幅图画:一粒粒的种子在阳光的照射下破土而出。上面附了一句话:我心目中的天使,送你一把爱的种子,愿我的爱能深植你的心坎……

甜儿看了之后大受感动,因为这是她收到的最具有深意的礼物。

于是,那位别具巧思的男孩文德就特别受到甜儿的青睐。

贺卡把文德的心意表达得活灵活现,最终俘获了女孩甜儿的芳心。

贺卡不仅可在朋友之间传情达意,父母与子女之间也可以通过小小的贺卡,表达深厚的亲情。

今天是周末。米兰午睡醒来以后,就静静地坐在窗前发呆,想象着父亲收到贺卡时的样子,激动?诧异?还是不屑一顾?

米兰眼前又浮现出小时候的一幕:

那时候,米兰还在上初中一年级。夏天的天气说变就变,中午还好好的天气,等到下午放学的时候就乌云密布、电闪雷鸣了。

米兰还记得早上出门的时候,父亲说了一句:带上雨伞吧,这时候的天气哪有准啊! 米兰抬头看看蓝蓝的天,说:"没事的,放心好了!"

雨越下越大了,米兰后悔没有听父亲的话,犯愁该怎么回家。米兰的同桌李雷拿出一把伞,说:"米兰,我们打一把伞挤一挤吧!"米兰终于到家了。妈妈问道:"没和你爸一起回来啊? 你爸去接你了。"米兰摇摇头,说:"我没有看到爸爸啊!"

外面的雨更大了,父亲还没有回来。晚上七点,门终于响了。父亲全身都是水,冷得直打战。原来,父亲一直在校门口等啊等啊,一直没有看到米兰的身影,父亲一直等到全校的师生都走光了才回来。没想到米兰会和同学结伴回来了。

米兰的思绪还在飘,电话响了,是父亲打来的。父亲的声音有些发颤:"兰兰,家里一切都好,不用挂念啊!"米兰嗯了一声。妈妈接过电话说:"兰兰,爸爸收到你的父亲节贺卡,激动了半天,连我都不让摸,跟珍宝似的。一个人躲在屋里偷偷地抹眼泪,是高兴啊! 中午吃饭的时候,你爸还多喝了两盅酒呢!"米兰心里涩涩的,有些想哭,贺卡上仅仅写了几个字:爸,注意身体啊! 节日快乐!

贺卡虽小,它承载的却是沉甸甸的心,寥寥数语便将关心、惦念之情跃然纸上。

贺卡传情,片言只字浓缩着深情厚谊,为我们带来了温馨和快乐。

网络的出现,使人们的沟通更加便利。旅居海外的游子,通过视频就能与家人互道祝福共度佳节。

移居美国的李岩,18年来第一次与家人"共度"春节。

"18年了,第一次跟家人一起过春节,这种感觉真的很幸福。"在视频的一端,已经在美国定居的李岩显得有些兴奋,他拉过自己的女儿和儿子,跟视频另一端的爷爷、奶奶打招呼,"爷爷、奶奶,祝你们春节快乐,身体健康! 我们想念你们!"18年了,这一大家子还是第一次这样面对面地互道祝福。李岩的妈妈眼里闪着泪花,显得有些激动。

沟通力——借问酒家何处有

18年前，李岩考取了美国某大学的硕士生，毕业后便留在了美国的司法部门工作。说起当初留在美国的原因，李岩说很简单，就是想多赚点钱。转眼18年过去了，在这期间，李岩每个星期都和父母通话，通话的内容除了亲朋好友的生活状况，谈到最多的就是家乡的变化，哪里又有新的大楼建成了、哪里的路又变宽了……

每次通话都让李岩感觉到家乡的巨大变化。李岩虽然有十八年没回过家了，但是对家乡的变化却是一清二楚。这不，李岩的爸爸又拿出最近拍摄的家乡新景观的照片给李岩细细讲起来……

这时候，李岩的妈妈端上来热气腾腾的饺子，在电脑视频前邀请大家一起来吃，以这种方式和儿子、孙子、孙女庆祝中国的传统节日——春节。

网络缩短了时空距离，使人们之间的关系更亲近，使亲友之间的感情更深厚。

除此之外，网络也改变了人们的工作和生活。人们可以在网上交友、购物，生活变得更加有趣。医生维娜就经常通过电子邮件和患者交流病情，使自己的服务更加到位。

布琪50岁出头，看上去只有40多岁。她非常时尚，追求新潮，喜欢在网上冲浪，收发电子邮件。

她在医院住院期间，给医生留下了深刻的印象。

出院后，布琪直接去了外地疗养。过了几天，她打开了自己的电子邮箱，意外地发现信箱里有一封主治医生维娜发来的邮件。布琪急忙打开邮件："您好！您身体恢复得怎么样？前几天打您电话做回访，一直没有联系上，所以给您发封邮件……"读着简短却充满人情味的来信，布琪非常激动。

没想到维娜电话回访没找到她，还特意发电子邮件给她。真是用心良苦啊！"谢谢你的邮件，我的身体康复得很好。有个问题想咨询一下，像我这样的身体，能吃海鲜吗？我现在正在海边，这里的海鲜实在太诱人了。——布琪"

"海鲜可以适量吃，但不能过量，切忌生食海鲜……——维娜"。就这样，布琪和维娜一直通过电子邮件交流病情，非常方便。

维娜通过电子邮件和患者布琪沟通，既方便又高效，使得医患关系也更加和谐。

网络为我们提供了多种沟通方式：通话、视频、聊天、发邮件等，我们应该充分利用这些方式，更好地拓展自己的人脉，结识更多的朋友。

贺卡是传递爱和信任的桥梁，是发自心底的最真诚的问候和祝福。"天涯若比邻"，网络拉近了人们之间的距离，使得人们的沟通更加便捷。

借助良言来沟通

每个人都有所长,亦有所短,要"避免矛盾、稳中求安",善于发现对方身上的优点,而不要抓住别人的隐私、痛处大做文章。

大家知道,相声是一门语言艺术。其实,相声正是很好地利用了语言这种交流工具,巧妙地调动听者的情绪,让听者兴奋起来,大声笑出来,它足以说明善说与不善说的区别,很难想象一个人想什么就直接说什么会演好相声。正如平时,话说得合适,不仅能体现出自身修养的高雅,也能够让别人很舒服地接受你的观点或意见,使人愿意接近你,没有谁喜欢那种经常用恶语伤人的人。

有一个朋友过生日,请亲戚朋友吃饭。他特意穿上了以前去香港旅游时买的一件乳白色的蚕丝衬衫,自我感觉非常好。酒席宴间,他神采奕奕地向大家敬酒。结果一个朋友突然冒出了一句:"哥们儿,这衬衫可过时了啊! 什么年代的东西了? 看,上面什么啊,疙疙瘩瘩的!"过生日的这个朋友听了脸色很是不好看,半天都说不出一句话,这时有人赶紧站起来打圆场,对那个不会说话的朋友说:"你这小子外行了吧! 这是蚕丝衬衫,价格贵着呢。而且这种衬衫不会有褶皱,不管多少年,照样跟新的一样。"饭桌上的其他人也立即应和着,纷纷称赞主人的衬衫珍贵而漂亮。过生日的朋友舒心地笑了,只是短短的几句话使这顿生日宴会又在欢乐的气氛中继续进行。

还有一个事例:

有一位业务素质很好的同事,因为与某位上司意见不合,在公司改组过程中,被精减到车间。他很消沉。许多人劝他说:"这样对你不公平,还是跳槽吧。"在别人怂恿下,他打好辞职报告,准备递交。但是,有一位老友却对他说:"世上没有过不去的坎,我相信你会东山再起的。"这句话对他帮助很大,他觉得只要自己不放弃,就还会有机会。他认真做好自己的工作,在车间里仍然好评如初。过了一年,那位上司调走了。新一届领导班子上任,他理所当然地被抽调到公司经营部门。现在,他已是公司的副总经理了。

这位同事的老友用鼓励的语言化解了他内心的疙瘩,这就提醒我们说话时要多讲良言。

谈话中,习惯用礼貌语言,就会给人"良言一句三冬暖"的感觉,使感情顿时亲切融洽起来。说话要分场合、要看"人头"、要有分寸,最关键的是要得体。不卑不亢的说话态度,优雅的肢体语言,活泼俏皮的幽默语言……这些都属于语言的艺术。娴熟地使用这些语言艺术,你的人生会更成功!

有人说言语是思想的衣裳,谈吐是行动的羽翼。它可以表现一个人的高雅,也可以表现一个人的粗俗。言谈高雅即行动之稳健;说话轻浮即行动之草率。

借助礼物来沟通

唐朝贞观年间,西域回纥国是大唐的藩国。

一次,回纥国为了表示对大唐的友好,便派使者缅伯高带了一批珍宝去拜见唐王。在这批贡物中,最珍贵的要数一只罕见的珍禽——白天鹅。

缅伯高最担心的也是这只白天鹅,万一有个三长两短,可怎么向国王交代呢?所以,一路上,他亲自喂水喂食,一刻也不敢怠慢。

这一天,缅伯高来到沔阳河边。只见白天鹅伸长脖子,张着嘴巴,吃力地喘息着,缅伯高心中不忍,便打开笼子,把白天鹅带到水边让它喝了个痛快。谁知白天鹅喝足了水,合颈一扇翅膀,"扑喇喇"一声飞上了天!缅伯高向前一扑,只拔下几根羽毛,却没能抓住白天鹅,眼睁睁看着它飞得无影无踪。一时间,缅伯高捧着几根雪白的鹅毛,直愣愣地发呆,脑子里只剩一个问题:该怎么办?到长安进贡,拿什么去见唐太宗呢?掉头回去,又有什么颜面见回纥国国王呢!想来想去,缅伯高决定继续前行。他拿出一块洁白的绸缎,小心翼翼地把鹅毛包好,又在绸子上题了一首诗:"天鹅贡唐朝,山重路更遥。沔阳河失宝,回纥情难抛。上奉唐天子,请罪缅伯高,礼轻人意重,千里送鹅毛!"

缅伯高带着珠宝和鹅毛,披星戴月,不辞辛苦,终于到达了长安。

唐太宗接见了缅伯高,缅伯高献上鹅毛。唐太宗看了那首诗,又听了缅伯高的诉说,非但没有怪罪他,反而觉得缅伯高忠诚老实,不辱使命,重重地赏赐了他。

"千里送鹅毛,礼轻人意重"——虽然我送的礼物不贵重,但我对你的情意却很深厚。赠送他人礼物时,不要因为礼物不贵重而不好意思,只要礼物能恰到好处地表达情意就好。礼物不仅可以表达对朋友的深厚感情，夫妻之间也可以巧借礼物表真情。欧·亨利著名的短篇小说《麦琪的礼物》讲的就是这样一个感人的故事。

一对恩恩爱爱、情深意笃的年轻夫妇，虽然生活贫困，但他们仍存有两件值得珍贵的东西：一样是丈夫三代祖传的金怀表，一样是妻子一头褐色的诱人秀发。圣诞节快要来临了，妻子很想送给丈夫一件让他惊喜的礼物，让清苦的生活变得甜蜜。尽管每天对花销都精打细算，能省则省，可对能否给丈夫买件可心的礼物，妻子实在是心里没底。

而丈夫这边为了让妻子高兴，也是想尽了办法。他千方百计地想买一套玳瑁发梳——那是套曾让妻子怦然心动的梳子，他不想让生活的贫苦时时困扰妻子的心。他们都想给对方一个惊喜。为了给妻子买那套玳瑁发梳，丈夫忍痛变卖了金怀表，将那套贵重的装饰发梳买了下来；妻子为了给丈夫买一条漂亮的表链，以配丈夫那块金怀表，忍痛将一头秀发卖掉……

平安夜，夫妻两人手里拿着礼物，望着对方，泪影婆娑……

在社会交往中，在重要的日子互送礼物，会促进沟通和交流，那丝丝情意将借助小小的礼物弥散开来，温暖你我的心。

礼物代表着最温馨最美好的心意。赠送礼物，不仅可以表达对他人的尊重，还可以促进沟通、加深感情。一份厚礼，不见得就会受人欢迎，一份薄礼也不见得没有诚意。只要感情在，送的礼物具有特殊意义，就可以表达深厚的感情。

借助情感来沟通

沟通的障碍,在轻视与自己不同意见的人,亦即偏爱以自我为中心的判断。中国人常说:"心意不通,言辞必穷。"正是此理。

真正的沟通是心理上有了情意,然后"有话好讲",因而彼此沟通。所以"以情为先",也就是"承认对方有五分理",才最容易沟通。

做贼也有三分理,虽然不及五分,却也不是全无理由。我们抱着"你有五分理,我也有五分理"的心态,从同情对方的立场出发,互相交换意见,比较容易通情达理。

有些人开口就说:"不是这样!"、"你说的根本不是事实!"或者"乱讲,谁会相信这种鬼话!"

这样能沟通吗?准备吵架还差不多。

再怎么说,也要客气地表示"你说得很有道理",然后再把它扭转过来,逐渐让对方自行改变,比我们去改变他,要有效得多,也和谐得多。

先说他对,再提出信息、资料,让他自行评核、分析,他在很有面子的情况下,通常比较容易自行调整、改变过来。

我们再重复一次,让对方自己改变,远比我们想尽办法要改变对方,容易得多,我们越想改变对方,对方往往更加坚持。我们不要这样想,事实上也不应该这样做。**我们以尊重对方的心情,只提供信息,让对方自行裁量,常常有意想不到的收获。**

中国人最高的智慧,表现在"以不变应万变",亦即以"不变"的原则来因应"万变"的现象。沟通时"站在不说的立场来说",便是最好的一种应用。

先想"不说",不是先想"说"。因为一想"说"就很难控制,终致"乱说"

一场。如果"不说"便能够沟通,那不说有什么不好? 可见说了反而败事,也未可知。若是不说不行,非说不可,那就进一步想"如何说才合理?"这样才是"谋定而后动",比较容易立于不败之地。

不说话的人,固然令人有冷漠的感觉,却能够避免"祸从口出"的灾难。最不受人欢迎的,则是应该说话时偏偏三缄其口。惟有懂得站在不说的立场来说,才能够不乱说,说得恰到好处,很难,但是值得努力去磨练。

许多人一开始就抱定要说的决心,站在必定要说的立场,一开始便拉开嗓门,一路说下去。这种人常常被称为"直肠子",意思是一条肠子从头到尾都不会转弯,有什么说什么,说到大家都不想听,或者都听不进去,他还在说,是不是有一点可笑?

反过来看,站在不说的立场来说,能不说就不说,不可以不说的时候,想办法好好地说。别人说和自己说其实并没有两样,何必一定要自己来说? 是不是符合明哲保身的哲学?

同样一句话,由我们自己说出来,对方顶多尽力而为。反过来,由对方说出来,效果就大不相同。对方对自己所说的承诺,势必全力以赴,以免没有兑现而难以交代。说出来之后,就算遭遇到困难,也会全力克服;面临各种变数,也会全力去因应。沟通的效果,自然更加良好。

我们的建议

一、中国人的沟通行为,说起来相当简单。除非情势危急,否则见面先分大小,你比我大,我先说,表示对上的诚意。如果你要先说,我一定让你,因为这是敬意。

反过来,你比我小,我让你先说,表示尊重(看得起)。分大小表示伦理,合乎伦理的沟通,比较有效。

二、紧急或重大事宜,不再或无法征求意见,应该先说,以争取时间,并且提高大家的警觉性,激发大家的行动力。紧急和平时的方式不一样,大家才能够自动配合。

三、彼此平行,便会互相推让,让到合理的地步,就不要再让,这时应该"当仁不让"。由知道较详尽,立场较超然,情势较有利的人先说。

四、圆满大于是非,只有在圆满中分是非,才能真正收到沟通的宏效。

中国人很重视是非,但是不可妄断是非,所以沟通是一种艺术,绝对不可以玩弄权术。

五、让对方自己改变,比较有面子,后遗症很小。让对方没有面子,觉得我们在改变他,或者逼他改变,会惹起很多麻烦。

以情为先是一种有效的诱导,俗语是"一切凭良心"。凭良心沟通,当然有效。不可自以为是,不可强词夺理,不可截人话路,更不可妄论是非,才能真正通情达理。

第十章
与人沟通要真诚

　　人与人之间的沟通，最重要的是要真诚。即使自己没有口吐莲花的能力，只要态度真诚，自然就会赢得别人的好感。坦诚地对待自己和别人，就会让彼此的心扉都敞开。心心相碰，你会发现沟通如此美妙动人！

　　"人要交往，马要试骑"，这是人人皆知的道理。不开口的话，什么事情也解决不了。与其什么事都一开始就死心，不如抱着一试的心情，即使被取笑也没关系。诚恳地与对方交谈看看，请求对方助一臂之力，才是创造机会的明智之举。

真诚是沟通的前提

沟通最忌遮遮掩掩。不诚实说话会让对方觉得你这个人一不可信；二不尊重他。其实有缺点、错误乃是人之常情，说出来反而会让别人觉得你这个人值得交往。

想从对方外表判断一个人，或从社会地位、职业判断人，却不愿说出自己的烦恼或工作内容的人很多。有的人则特意邀约对方谈论某件事，然而一旦和对方见面后，又不习惯于当场的气氛，或不中意对方的外观，而始终不愿启齿论事。

有种人会抱着"反正本来也无法解决"的心情，采取积极的战术。这样的人虽然任性，但具有强烈的依赖心，无论再烦恼、再无聊的小事都向他人倾诉，如此一来即可消除自己的焦躁感。换句话说，这些人已经把他们的缺点转变为对自己有利的优点。

有时候，我们常会听到别人说这样的话："原来是这件事啊！哎呀，如果你早点说，我就有办法解决了！""今年的预算已经定好了，真不巧，明年再说吧！"当我们着手思考某件事时，如果一开始就先告知对方，说不定这正是对方所急需的意见，使你获得千载难逢的机会："我们正在编列预算，你的意见实在太好了，我们商讨后会立刻通知你，谢谢你宝贵的建议。"

你是否也在一开头就对某件事情死心呢？凡事要试了才知道，即使在闲谈之中，把胸中累积的所有烦闷，毫不保留地倾吐出来，让他人协助解决，说不定正是抓住时机的大好起步呢！

每个人都拥有不愿为人所知的一面，即使并非是什么见不得人的秘密，但或多或少都有些心事隐藏在心里面。目前是个成就显赫的人，就不愿被人探知过去的历史，如工作方面遭遇的失败，血气方刚犯下的大错，肉体上的残缺等。每个人都基于某种理由，有不愿被人所知的一面，因而试图将它隐藏在内心深处。

正由于心中有鬼不愿外露，所以才装作一副毫无弱点的姿态来与人交往，那是在刻意伪装自己的内心。

通常，人们对我们意欲掩饰的行动，常故意投来注视的眼光，偶尔还可能故意往坏的方面想象。但如果我们本身解除警戒，并表示我们信赖对方、表示好感的话，对方反而会以诚相见。即使对方不怀好意而来，但当我们逐渐解除武装，慢慢地暴露自己的某些缺点，采取较低的姿态，有时也可达到使对方将恶意转变为好意的效果。

人类一方面严密地隐藏自己不愿为人所知的秘密，另一方面，又渴望将自己的秘密告诉别人。秘密是内心相当沉重的负担，长久不安是很痛苦的事情。倾吐肚子里的不幸、不满，寻求相知的人了解，是人类本能上的欲求揭露自我，是巧妙地引导对方唤醒本能欲求的行动，也是使对方向你告白本身的弱点和秘密的踏脚石。

魔力悄悄话

如果你商场上的对手防御坚强，而且表现得毫不通融的时候，你最好先泄露出自己的某些弱点，使对方解除戒心。即使是经常以严肃的死板脸孔斥责属下的上司，只要以信赖他们的姿态交谈，也会使会谈意外顺利地进行下去。

用心营造良好的沟通

　　沟通是人与人之间传达思想、观念或交换情报、讯息的过程,它是人我之间的意见交流,等于"你说给我听"加上"我说给你听",以求得相互了解,并且彼此达成某种程度的谅解。缺乏谅解,根本无法沟通。

　　整个历程,必须发讯者、受讯者、讯息以及传递讯息的通路等四个要素,都能够有效地协调配合,才能获致良好的沟通。任何一个要素发生问题,都会影响沟通的效果。

　　受讯者收到并且了解发讯者所发讯息的本意,同时接受或照着去实行,才算完成整个沟通的历程。

　　我说给你听,或者你说给我听,都属于单向传达,不算沟通。有时候我说给你听,有时候你说给我听,彼此交换意见。而且所说的话,还要有交集。这种双方的意见交流,可以算是初步的沟通。但是,能不能收到预期的效果,仍然需要进一步多加努力。因为你说说,我也说说,有时候说得很愉快,却没有获得任何结果。有时候说得很有内容,事后却没有留下任何痕迹,就好像彼此没有说过什么话似的。充其量只能算是聊天,并不能充分沟通。我们可以透过聊天来进行沟通,却不应该把沟通当作聊天来处理。

　　以聊天来促进彼此情感的交流,然后伺机导入正题,赶快把握时间,进行必要的沟通,才不致浪费时间,以免养成坏习惯。

　　沟通是建立彼此之间有意义的关系,并且发展、控制、制衡和维持正常的关系。

　　人与人之间或组织与组织之间,往往需要建立并且维持密切的关系。以期分工合作,共同完成目标。因此透过经常的沟通,促进彼此的了解,进而建立若干共识,便成为十分重要的历程。

沟通可能建立两种不同的关系:一种是统御式的,使对方接受或屈服;一种则是对称式的,使对方产生相同的反应。这两种关系,其实相辅相成,很少是单独存在的。

建立关系之后,仍需继续沟通,以求适时调整,保持正常,所以沟通是持续性的。犹如人体内的血液一样,乃是一种循环不息的历程。

我们原先具有什么关系,譬如亲人、尊长、上司,朋友或其他,都可以使用不同的方式,来建立合适的沟通关系。当然,原先具有的关系,对沟通关系的建立,经常拥有相当程度的影响力。原先是主管与部属,沟通的时候,主管大多倾向于导入统御式的关系,而部属则大多希望出现对称式的关系。这时候双方都应该衡量事物的性质,依沟通所要达成的目的,做出适当的调整。统御式比较有利的时候,部属最好主动配合主管的发号施令,使其觉得具有统治的力量。反过来说,对称式比较容易激发部属的潜力,因此必要时主管应该降低姿态,以符合实际需要。

有变化,不固定,比较容易找到对此一沟通过程有利的方式,以期事半功倍。

沟通是人与人之间,或者组织与组织之间传达思想、意志、观念或决定的历程,透过讯息的有效交流,以增进彼此的了解,谋求协调,促进共同目标的达成。

耐心也是一种真诚

与人沟通要有耐心。面对别人的疑虑,认真解答,层层推进,就能把理说透,从而实现合作。

在争取合作时,面对对方的不理解和犹豫不决,要耐心解答,合理规劝,从而消除对方的疑虑。列宁就曾用这种方法,说服了美国人哈默在苏联进行大规模投资。

1921 年,哈默听说苏联实行新经济政策,鼓励吸引外资,就打算去苏联做买卖。

在苏联,当时最需要的是消灭饥荒,得到粮食。而那时美国粮食正值大丰收,1 美元可买 17.82 千克粮食,因生产过剩,农民宁可把粮食烧掉,也不愿低价销往市场。而苏联有的是美国需要的毛皮、白金、绿宝石,如果让双方互通有无,这不是一大笔很好的生意吗?

哈默到达莫斯科的第二天早晨,就被列宁接见。列宁和他做了亲切的交谈。粮食问题谈完以后,列宁希望哈默在苏联投资经营企业。

哈默听了,默默不语。因为西方对苏联实行新经济政策抱有很深的偏见,进行了许多恶意的宣传,许多人把苏维埃政权看成可怕的怪物。到这里经商,被称作是"到月球去探险"。哈默虽然做了勇敢的"探险"者,同苏联做了一笔粮食生意,但对投资办企业一事,仍然心存疑虑。

明察秋毫的列宁看透了哈默的心事。他讲了实行新经济政策的目的,告诉哈默:"新经济政策要求大力开发我们的经济潜能,我们希望建立一种给外国人以工商业承租权的制度,以加速我们的经济发展"。

经过一番交谈,哈默弄清了苏维埃政权的性质以及吸引外资办企业的经济政策,不禁有点动心了。

但是哈默又听说苏维埃政府机构重叠,人浮于事,手续繁多,尤其是机关人员办事拖拉,于是心里又打起了退堂鼓。

列宁看出了哈默的担心,立即安慰他:"官僚主义是我们最大祸害之一,我打算指定人员组成特别委员会,全权处理这事,他们会向您提供你所需要的帮助。"

除此之外,哈默又担心在苏联投资办企业,苏联只顾发展自己的经济,而不注意保障外商的利益,以致外商不能得到实惠。

列宁从哈默的谈吐中听出这种忧虑后,马上又说道:"我明白,我们必须确定一些条件,保证承租的人有利可图。商人不是慈善家,不然只有傻瓜才会在这里投资。我们达成合约后,你的利益就会有切实的保障。"

就这样,列宁针对哈默一连串的疑虑耐心地加以解释,把合作的前景交代得明明白白,使得哈默心中的一块石头落了地。

没过多久,哈默就成了第一个在苏联开办企业的美国人。

列宁耐心地跟哈默交谈,消除了哈默的疑虑,争取到了哈默的投资。由此可见,耐心是多么重要。

想要争取别人的合作,就应要有耐心和恒心,把合作的相关事宜做系统全面的分析。让我们学会用耐心来赢得别人的满意和放心,促进交往和合作的顺利进行。

在沟通中,摸清对方的底细并积极寻找共同点,然后从共同点入手进行沟通,就容易消除对方的戒心,顺利实现合作。

沟通要以"诚"服人

我们在与人交往时,必须秉持一颗赤诚的心,将自己最好的一面通过"说话"表达出来,不要流于巧言令色、油嘴滑舌。

"精诚所至,金石为开",好口才的第一步就是要让人感觉到你的热心和诚意。

如果连自己都意未明,情未动,言不由衷,又怎么能表情达意呢?如果说,诚意要求的是内容,那么热心要求的就是表达的态度,唯有"情自肺腑出,方能入肺腑"。

美国石油大王洛克菲勒的儿子小洛克菲勒,在1915年处理一次工业大罢工时,就是运用诚恳的演说,解决了与工人之间的矛盾。

科罗拉多州煤铁公司的矿工为了要求改善待遇,进行了罢工,因为公司方面处置不善,这次罢工演变成了流血的惨剧,劳资双方都走了极端。这次罢工,持续了两年之久,成为美国工业史上一次有名的大罢工。

小洛克菲勒,最初使用军队来镇压的高压手段,酿成了流血惨剧,不仅没有解决问题,反而使罢工的时间更延长下去,使自己的财产受到了更大的损失。

后来,他改变方法,采用柔和的手段,把罢工的事情暂时置之不谈,他深入到工人当中,并亲自到工人家中进行慰问,使双方的情感慢慢地好转起来。

以后,他叫工人们组织代表团,以便和资方洽商和解。他看出了工人们已经对他稍稍释去了敌意,于是,便对罢工运动的代表们做了一次十分中肯的演说。就是这一次演说，解决了两年来的罢工风潮。

在演讲中，小洛克菲勒说："在我有生之年，今天恐怕要算是一个最值得纪念的日子。

我十分荣幸，因为能够和诸位认识，如果我们今天的聚会是在两个星期之前，那么，我站在这里就会是一个陌生人了；因为我对于诸位的面孔的认识还只是极少数。

我有机会到南煤区的各个帐篷里去看了一遍，和诸位代表都做了一次私人的个别谈话；我看过了诸位的家庭，会见了诸位的妻儿老幼，大家对我都十分客气，完全把我看做自己人一般。所以，今天我们在这里相见，我们已经不是陌生人而是朋友了。

现在，我们不妨本着相互的友谊，共同来讨论一下我们大家的利益，这是使人感到十分高兴的。参加这个会的是厂方的职员和工人的代表，现在承蒙诸位的厚爱，我才能在这里和诸位相见并努力化解一切矛盾，彼此成为好友，这种伟大的友谊，我是终生不会忘掉的。我们大家的事业和前途，从此更是展开了无限的光明。

在我个人，今天虽然是代表着公司方面的董事会，可是，我和诸位并不站在对立的地位，我觉得我们大家都是有着密切的关系和友谊的。我们彼此有关的生活问题，现在我很愿意提出来和大家讨论一下，让我们一起从长计议，获得一个双方都能兼顾到的圆满的解决办法，因为，这是对大家有利的事……"

小洛克菲勒的讲话，虽没有华丽的辞藻，但话语诚恳，引起了矿工广泛的共鸣，一下子就使自己摆脱了困境。

有时候，真诚的语言不仅会给我们带来成功，还可能带来神话般的奇迹。反之，如果一个人在语言上，不遵循"诚能感人"的原则，就会失信于众，轻则影响个人的形象和声誉，重则危及组织的前途和生存。

一个平凡的业务员，在做了十几年的推销工作后，他十分反感和厌恶那些长期以来用强颜欢笑、编造假话、吹嘘商品等招揽顾客的做法。

他觉得这是生活上的一种压力，为了摆脱这种压力，他决定对人要以诚相待，不对顾客讲假话，要以一颗真诚的心来对待他们，即使被解雇也无所谓。

出乎意料的是，当这种想法浮现在大脑后，他顿时觉得自己的心情比以往更轻松起来。

这天，当第一个顾客来到店里，问他店中有没有一种可自由折叠、调节高度的椅子时，他搬来椅子，如实地向顾客介绍。他说："老实说，这种椅子质量不是很好，我们常常会接到顾客的投诉和退货。"

顾客说："是吗？很多人都用这种椅子，我看它似乎还挺实用的。"

"也许是吧。不过，据我看，这种椅子不一定能升降自如。您看，没错，它款式新，但结构有毛病。如果我隐瞒它的缺点，就等于是在欺骗您。"这位业务员耐心地给顾客解答。

客人追问："你说结构有毛病？"

"是的，它的结构过于复杂精巧，反而不够简便。"

这时，业务员走近椅子，用脚去踩脚踏板。本来要轻踩，但是他一脚狠狠踩下去，使椅子面突然向上撑起，正好撞到顾客扶在上面的手上。业务员急忙道歉："对不起，我不是故意的。"

没想到客人反而笑起来，说："没关系，不过我还要仔细看看。"

"没关系，买东西如果不精心挑选，会很容易吃亏的。您看看这椅子的木料，品质并非上乘，贴面胶合也很差。坦白地说，我劝您还是别买这种椅子，不如看看其他牌子的，要不到其他店看看也可以，说不定那里会有更好的椅子。"业务员说。

客人听完这番话，十分开心，要求买下这把椅子，并马上取货。但是，等到这位顾客一走，业务员就立即遭受到经理的训斥，同时被告知到人事部办理离职手续。

过了一个小时，业务员正整理东西，准备打包回家时，店内突然来了一群人，争相购买这种椅子，几十把椅子一下子卖空了。

当然，这些人都是刚才那位顾客介绍来的。看到店里生意如此火暴，经理大感吃惊，最后业务员不仅没被辞退，工资还提高三倍，休假时间也增加一倍。经理甚至还称赞他如实介绍商品的做法，是一种新型的售货风格，应该继续保持。

语言可以表现一个人的人格。即使是语言比较笨拙的人，只要具有发自内心的真诚，其感情就能在话语间充分流露出来。相反，如果没有发自内心的真诚，即使运用再华丽的语言也会被人看穿。所以，在谈话时，满怀真诚是最重要的。

俗话说得好："有了巧舌加诚意，就能够用一根头发牵动一头大象。"真诚是人类最伟大的美德之一，一个对生活、对事业、对自己真诚的人，写文章能以真诚动人，办事情能以真诚悦人，说话能以真诚感人，那么他所具有的这些力量怎能不使他取得成功呢？